ブックレット新潟大学

少子化問題の経済学
―生きづらい社会で出生率は低下する―

溝口 由己

新潟日報事業社

も　く　じ

第1章　到来した人口減少社会

第1節　少子化がもたらすもの

　女性1人が生涯に産む子の数の平均値を、合計特殊出生率（以下、出生率）といいます。この値が2.0であるとき、理論上人口は増加も減少もしません。すべての人が結婚し、結婚した1組当たりの夫婦が子を2人産む状態です。これを人口置換水準と呼びます。現実には乳幼児死亡率等が0％ではありませんので、現実の人口置換水準はもう少し高く、日本では2.07とされています。出生率が2.07以下、すなわち人口置換水準以下の低出生率が長期間持続すると、その社会の人口年齢構造は高齢化し、さらに持続すると労働力人口が減少を始め、さらに続くと人口減少が始まります。日本ではこの意味での人口減少状態に2008年から入っています（移民人口を加味した人口減少は2011年から）。国立社会保障・人口問題研究所の将来推計（2017）によると、2100年には日本の人口は現状の1億2千万人強から約6千万人に半減するとみられています。このプロセス、つまり高齢化→生産年齢人口減少→人口減少へと移行する過程は、経済にどういう影響を及ぼすでしょうか。順にみていきましょう。

　日本の出生率は1974年に人口置換水準を下回って以降、2005年から2015年にかけて出生率の回復局面があったのを除いて、ほぼ下落傾向が続いています。人口置換水準を下回る出生率の長期にわたる持続的推移が社会に及ぼす主要な影響として、第一に人口の年齢構造が高齢化することがあげられます。さらに低出生率が続くと第二に生産年齢人口が減

少に転じ、そして第三に人口減少へと進むことがあげられます。

　すでに人口の高齢化は、社会保障関連支出の増加を通じて財政を悪化させ、その結果積み上がった未曽有の公的債務残高が経済の潜在的脆弱性を高めると同時に、年々の緊縮財政は国民生活の質を劣化させています。少し詳しくみてみましょう。

(1)　少子化と国家財政

　日本の年金制度は賦課方式と呼ばれ、現役世代が納付した保険料をその時の年金受給者への支給にあてる方式です。他に積立方式があり、こちらは自分が現役時代に積み立てた保険料を、引退後に年金として受け取る方式です。賦課方式の場合、人口が高齢化すると「何人の現役世代で１人の高齢者を負担するのか」が変わります。1950年には12.1人の現役世代で１人の高齢者を支えていたのが、2017年には2.2人の現役世代で１人の高齢者を支える割合へと変化しました。今後も高齢化が進むと、2065年には1.3人の現役世代で１人の高齢者を支えるようになると試算されています。

　当然、こうなると年金基金の収支バランスが崩れてきます。そのためこれまでも現役世代が負担する保険料の引き上げ、高齢者への年金支給額の引き下げ及び年金支給開始年齢の引き上げなどがなされてきました。それでも人口高齢化の効果の方が上回ってしまっているため、年金基金の収支は、支出超過になります。その穴を財政が負担する構図になっています。

　年金だけでなく、医療についても人口高齢化に伴い関連する財政支出が増加します。高齢者の方が医療サービスを受ける度合いが増すため医療費用全体が増加しますが、これを保険料と利用者負担では賄いきれな

いためです。また介護保険も同様に保険料と利用者負担だけでは賄えないため、国と地方自治体の財政にも依存しており、高齢化によってこの部分の財政支出が増えます。

　2019年度を例にとると、社会保障給付費は124兆円にのぼりました。その内訳は、年金57兆円（46％）、医療40兆円（32％）、介護12兆円（9.4％）です。その財源ですが、保険料が72兆円（約6割）で残りの約4割に相当する約50兆円は国や地方自治体の財政となっています。つまり2019年には財政からの社会保障関連支出は50兆円（このうち国の支出が36兆円）だったわけですが、1990年にはこれが約16兆円でした。高齢化に伴い3倍以上に増加したということです。国の歳出についていえば、2019年の日本の歳出全体に占める社会保障関連支出の割合は約三分の一で、項目別にはこれが最大の支出項目となっています。

　このように高齢化による社会保障関連支出の増加に引っ張られて、財政支出全体が増加してきました。しかし財政収入の方は同じペースで増加したわけではありません。実際国の税収入は1990年に約58兆円だったものが、2019年には62.5兆円とほぼ横ばいといっていい状況です。収入は横ばいなのに、支出は増加するわけですから不足が生じます。そこで借金である公債の発行で穴埋めしてきました。

　国に限っても、2019年末時点でこの借金の残高である国債残高は約900兆円にのぼります。日本のGDPが約550兆円（2019年）ですから、対GDP比で1.6倍を超えます。同年の歳入は税収が64兆円、国債発行額が33兆円で、歳出は全体で102兆円、そのうち国債費が23兆円、社会保障関連支出が36兆円となっていますから、いかに国家財政が火の車であるかがわかります。

　家計にたとえてみましょう。年収が640万円の家計でローン残高が9

千万円あります。年収の14年分を上回る残高です。この家計のローン返済は年230万円あり、家計支出のうち最大の項目は社会保障関連費で年360万円です。ローン返済と社会保障関連費だけで590万円と、年収640万円の92％を充てざるを得ません。しかもこの支出項目が年々増加していて歯止めが効かず、他の生活費を一生懸命削っていますがそれでも家計は赤字なので、今年も新規にローンを330万円組みました。いかがでしょうか。借金をして借金を返すという、背筋が凍りつくような家計状況です。

　借金の残高が収入に対して大きく、借金返済が可処分所得を圧迫している経済状況は、金利の上昇に対して打たれ弱い状態といえます。金利が上昇すると返済額が増えるからです。したがって公債残高が年々積みあがっている現在の日本経済は、金利上昇に対して潜在的な脆弱性を抱えているといえます。また緊縮財政を迫られ、他の支出項目が圧縮させられることで国民生活の質も劣化します。例えばインフラ整備。今後老朽化が進むインフラの再整備が費用面で困難になり、ライフラインを提供する地域の縮小が始まるとみられています。このように少子化の結果として国家財政は火の車となり、積みあがった借金で経済は脆弱性を抱え、それへの対処としての緊縮財政が国民生活の質を劣化させています。

⑵　潜在的成長率を押し下げる人口オーナス

　また経済学では、人口の年齢構成と経済成長との関連についての議論があります。人口高齢化とは人口総数ではなく人口の年齢構成の次元の話ですが、人口を15歳未満の「年少人口」と15歳から64歳の「生産年齢人口」、そして65歳以上の「高齢人口」の三層にわけたとき、もともと

出生率が高かった時期には「年少人口」の比率が高く、その後出生率が
長期に低下したことで「高齢人口」の比率が上がり、「高齢人口」比率
が７％に達すると「高齢化社会」、14％に達すると「高齢社会」、21％に
達すると「超高齢社会」と呼ばれますが、日本では2007年から「超高齢
社会」となっています。しかし「高齢化社会」になる前に、「生産年齢
人口」の比率が高かった時期があります。この「生産年齢人口」比率が
高い時期を「人口ボーナス」期と呼びます。日本では1930年から1995年
にかけてがこの時期に相当します。

　人口ボーナスとは、生産年齢人口比率が高い人口構成が潜在的成長力
を押し上げる効果をもつことを言います。人口上のボーナスであるとみ
なしてこのように表現するのです。それは主に３つの経路を通じて働く
と考えられています。ミクロ経済学の成長会計という考え方では、１国
の経済の成長を工場での生産量増加にみたてて考えます。工場での生産
量を規定する要素は、①労働投入量、②資本投入量、そして③生産性の
３つがあります。このため工場の生産量を増加させるには、①労働時間
を増やすなど投入する労働量を増加させる、１本だった生産ラインを２
本に増設するなど②資本投入量を増加させる、いままでよりテキパキ働
いて③労働生産性を上げるという３つの方法があるということになり
ます。

　生産年齢人口比率の上昇はまず、労働投入量増加に結び付きます。次
に②資本投入量ですが、資本投資には資金が必要です。生産年齢人口比
率が高い、すなわち現役世代の割合が多いことは、国民平均での貯蓄率
を押し上げます。一般に現役世代は貯蓄を積み立て、老後にその貯蓄を
崩して生活するため、貯蓄を積み立てる現役世代の割合が多いと国民全
体の貯蓄率の平均値が上がるからです。貯蓄率の上昇は人々の預金を

ベースにした銀行の融資活動を活発化させ、旺盛な資本投資を支えると考えられます。最後に③生産性ですが、少子化で年少人口が減ると一般に子ども１人当たりに投入する教育投資は増加します。そのため初等教育が普及し、このことが労働生産性を高める効果をもつと考えられます。

　このように生産年齢人口比率の高いこと、すなわち人口ボーナスは潜在的成長率を押し上げる効果をもつと考えられます。これが「高齢化社会」に入るとちょうどギアを逆回転させたように、人口ボーナスの逆の効果が働きます。潜在的成長率を押し下げる効果です。これを人口オーナスと呼びます。日本は90年代半ばからこの人口オーナス期に入ったとみられています。

⑶　労働力人口減少そして人口減少

　第二に労働力人口減少ですが、人口減少より早い2005年から始まっています。年齢階層別にみたときの人口が最も多いいわゆる団塊の世代（1947年〜49年生まれ）が定年を迎え始める2007年から、労働力人口が急激に減少することが予想されました。これを危惧して、国は高齢者の雇用を促進する政策をとり、65歳までは本人が希望すれば働ける環境づくりを進め、労働力人口の減少ペースは少し緩和しましたが、それでも団塊の世代が65歳以上になって労働力市場から退出すると、いくつもの業種で人手不足が顕在化してきました。運送業や飲食店はなかでも深刻で、例えば新潟市に本店があるらーめん専門店「三宝亭」の女池店は、売り上げも好調で営業利益も出ていましたが、人手不足から閉店しました。また2013年頃から人手不足が原因で倒産する「人手不足倒産」が言われ始め、2019年の人手不足倒産は全国で185件と前年比20％増となり、

運送業などサービス産業などでひっそりと事業をたたむ事業所が増えています。このように人口高齢化とあわせて労働力人口の減少も、供給面で経済の潜在的成長率を押し下げる要因となっています。

　第三に人口減少社会に突入したことで、国内消費市場は縮小し、消費市場縮小は投資マインドを冷え込ませるなど、需要面で経済成長への大きな足かせとなりつつあります。人口減少は、高齢化という年齢構成の変化とは次元の違うインパクトを経済社会に及ぼします。日本国内で都道府県間の人口移動があり、その移入と移出の差において基本的に東京圏への人口流入が続いているため、人口減少そのものは全国的問題ですが、減少ペースは人口移出の多い地方で早いという特徴があります。日本創生会議・人口減少問題検討分科会（座長・増田寛也元総務相）は2010年から2040年にかけて若年女性の人口減少率が 5 割を超える市町村を「消滅可能性都市」と定義し、全国で実に896の消滅可能性都市があるという試算結果を出しています（増田：2014）。山間地では過疎化で集落ごと人がいなくなるいわゆる限界集落はすでに現実の問題となっていますが、市町村単位で再生産が危ぶまれる状態が目前に迫っています。

　こうした状況は不動産市況にも影響します。人口が減少すると、 1 人当たりの居住面積が広くなっていいのではという意見があります。しかし残念ながら現実はそのようにうまくいっていません。朝日新聞取材班（2019）によれば、住宅地のなかに住む人のいない空き家が増えています。2006年に全国の市区町村が空き家に対して助言・指導を行った件数は 1 万件に及び、その件数は年々増加しています。また土地も所有者不明で捨てられた状態の土地も増えています。有識者でつくる所有者不明土地問題研究会（座長・増田寛也元総務相）は名義人の死亡後も相続登

記されなかったり、住所が変わって名義人と連絡が取れなくなったりしている土地を「所有者不明土地」と定義し、所有者が分からなくなっている可能性がある土地の総面積が、2004年時点で九州より広い約410万ヘクタールに達すると推計しています。さらに研究会は、2040年には北海道の面積に迫る約720万ヘクタールに達すると推計しています。人口減少で土地や建物の価値が下落する一方、それにかかる固定資産税などの負担が重く、売るに売れず、相続に際して子の世代も相続を拒否するなどして土地が漂流している現実が背景にあります。

　このように、こんにち日本の経済社会を閉塞させている多くの社会現象の根っこに少子化があります。したがってすでに少子化の要因について多くの先行研究がありながら、今後もこの問題の考察の重要性は高まりこそすれ減ずることはないでしょう。なぜ少子化になったのか、次章以降、一緒にこの問題について考えていきましょう。

第2章　世界と日本における出生率低下の要因

第1節　出生率低下の時期区分と分析枠組み

(1)　世界の出生率

　欧州とアジア各国の出生率を確認しておきましょう。まず欧州ですが、基本的にすべての国が人口置換水準を下回っており低出生率といえます。その中でも相対的に出生率が高いグループと相対的に低いグループがあり、2018年のデータで前者にはイギリス1.68、フランス1.88、そして北欧のスウェーデン1.76やデンマーク1.73が入り、後者にはイタリア1.29、スペイン1.26、ポルトガル1.42などのラテン系諸国やボスニア・ヘルツェゴビナ1.26、ウクライナ1.30、ポーランド1.46などの東欧諸国、ギリシャ1.35などの南欧諸国、ドイツ1.57、オーストリア1.47などが入ります。

　次にアジアですが、香港1.07、台湾1.06、韓国0.98、シンガポール1.14など出生率が1前後と世界的にも極めて低い出生率の国や地域があります。ちなみに中国に関しては政府の公式発表では1.69ですが、この点については近年異論が多くあります。中国の人口状況に関する最も基礎的かつ信頼できるデータは、中国で10年ごとに実施される「人口センサス」です。その2010年の「人口センサス」に基づいて出生率を計算すると1.18になります（津上：2013）。本書では、1.18という出生率を信頼性が高い数値として扱うことにします。東南アジアに関しては近年やはり出生率は低下しているものの、まだ人口置換水準を上回っている国が多い

です。そのなかでタイはすでに出生率が人口置換水準を下回っており、今後ほかの東南アジア諸国がこれに続くか注目されます。

図表1　世界各国の1人当たりGDPと合計特殊出生率（2018）

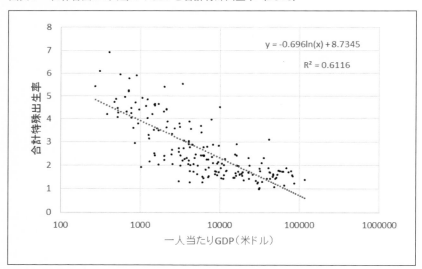

出所）世界銀行データベースより筆者作成。
注）データが揃う184カ国を対象。

　産業構造の高度化と国際分業の進展について、「雁行的発展」という概念があります。雁行的発展とは2つの要点から説明されます。1つはある国において白黒テレビなら白黒テレビといった特定の産業は、最初輸入することから始まり、次に国内生産が始まり、そして次に輸出を開始するという一連のプロセスが完了すると、次により高度な例えばカラーテレビに関して同じく輸入→生産→輸出というプロセスが始まると

　いう具合にして、順繰りに産業が高度化するということです。もう1つはある国で白黒テレビといった特定産業の輸入→生産→輸出のプロセスが完了すると、その産業のプロセスは後発国に移動するというものです。アジア諸国の出生率の状況からは産業における雁行的発展にも似て、所得水準上昇に応じて順に出生率が低下していく、いわば「出生率における雁行的低下」とでも呼びたくなる現象があるかのようにみえます。この点について、世界銀行のデータベースで出生率と1人当たりGDPの両方のデータが揃う184カ国を対象に1人当たりGDPと出生率に関する散布図をみてみましょう（図表1）。

　1人当たりGDPが上がると概ね出生率が下がる負の相関がみてとれますが、よくみると1人当たりGDPが数万ドルを超えるあたりで、1人当たりGDPが上がると出生率が横ばいないしわずかに上がる正の相関になり、アルファベットのJを左右逆にしたようなカーブを描いているようにもみえます。これは1人当たりGDPが数万ドルを超える国々は数として欧州が多いのですが、その欧州は先にみたように、欧州内で相対的に1人当たりGDPが高いグループであるイギリスやフランス、北欧などで出生率が高く、逆に1人当たりGDPが相対的に低い東欧や南欧、ラテン系諸国で出生率が低いことが要因です。実際に1人当たりGDPと出生率のデータが揃う欧州29カ国を対象に散布図を作成すると図表2のようになります。ちなみに同様の事態を、1人当たりGDPに代えて国連開発計画で用いられている人間開発指数（Human Development Index, HDI）をコラー等（Kohler, Myrskyla, Billari, 2009）は使用して散布図を作成していますが、それではより明瞭にJを左右逆にしたカーブを描きます。

　また図表掲載を紙面の関係で割愛しますが、出生率が2.0以上の国での散布図では1人当たりGDPと出生率の負の相関関係が明瞭にみてと

れますが、出生率2.0未満の国ではこの関係が判然としなくなり、欧州
に至っては図表２にみるように、係数が小さいながら正の相関となりま
す。このことから、出生率2.0近傍までの出生率低下は概ね所得水準と
正の相関があり、所得水準が上がると出生率が下がる傾向にあるといえ
ます。しかし出生率2.0からの出生率低下は、所得水準と明瞭な相関が
みえなくなります。このため本書では人口置換水準までの出生率低下の
時期を第１期出生率低下と呼び、人口置換水準以下の出生率低下時期を
第２期出生率低下と呼ぶことにし、この２つの時期では出生率の異なる
低下要因があると考えます。

図表２　欧州各国の1人当たりGDPと合計特殊出生率（2018）

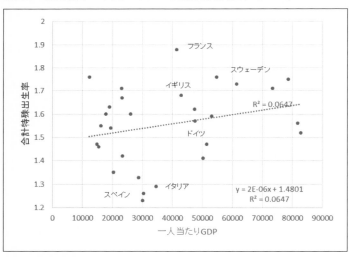

出所）世界銀行データベースより筆者作成。
注）欧州のデータが揃う29カ国を対象。

　図表3は日本の合計特殊出生率の推移をみたものですが、日本では
1974年から第2期出生率低下が始まります。アジアでは東アジアの華人
系の多く居住する国や地域と日本と韓国が第2期にあり、東南アジアの
多くの国はタイとシンガポールを除いて第1期にあたります。

図表3　日本の合計特殊出生率の推移

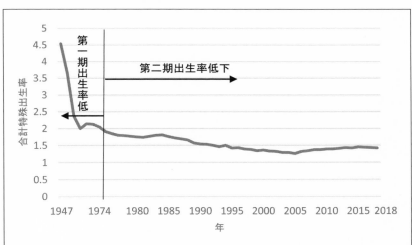

出所）厚生労働省「人口動態統計」より筆者作成。

(2)　子の効用と費用

　出生率低下の要因分析の初歩的枠組みとして、本書ではライベンシュ
タイン（Leibenstein）の子の効用と費用に関する議論を援用します。ライ
ベンシュタイン（1957）は所得水準上昇に伴って出生率が低下する状
況を説明する枠組みとして、子の効用と子の費用の関係性を取り出しま
す。彼は1人当たり国民所得 y を横軸にとって縦軸に子ども数 n をとり、

　1人当たり国民所得 y と子ども数 n のときの効用と費用を示すモデルを
考えます。そのモデルから1人当たり国民所得 y 1のときの効用曲線
（右肩下がり）と費用曲線（右肩上がり）の接点（y 1，n 1）に、子の
数 n 1が決まるとするものです。彼の議論はのちに G・ベッカー（G.
Becker）の「人的資本」論（1976）を始めとするシカゴ学派の合理的選
択理論において、ミクロ経済学の枠組みを用いた子の数の決定要因分析
として継承されていきます。実は合理的選択理論に継承されるような議
論と筆者の経済学観は大きく異なります。にもかかわらず援用するのは、
賃金労働者が多数を占める資本主義社会が長期に続けば、賃金労働者は
自らの労働力を商品として売り、その対価として得た賃金で自らの生活
を消費市場での物・サービス購入を通じて成立させる存在である以上、
有限の賃金を元手に自らの効用最大化を考えるという意味で、人間は
「経済合理的人間」に近似していく存在であると筆者が想定しているた
めです。それが本書で筆者がライベンシュタインを援用する理由です。
　また本書の目的は出生率の低下を説明することにあるため、よりシン
プルに子の効用と費用の大小を比べ、子の効用（費用）が低下（増加）
する事態に注目します。

子の効用　＜　子の費用

　この不等式のように「子の効用」が「子の費用」を下回るとき、人は
出産をするという判断をよりためらうようになると考えられます。ライ
ベンシュタインは、子どもに3つの効用と2つの費用があるといいま
す。3つの効用とは、子を労働力として活用することで得られる労働効
用、子に老後の生活を保障してもらう年金効用、子をもつこと自体がも

たらす幸福としての消費効用です。2 つの費用とは、すなわち子の教育費など直接支払う①直接費用と、有職女性が出産・育児を機に離職することで発生する機会費用に代表される②間接費用です。筆者はこれら費用はあくまで対世帯所得で把握されるべきと考え、分母に③世帯所得を置いたものを育児費用と考えます。したがって「子の費用」言い換えれば育児費用はさらに次のように示されます。

$$育児費用 = \frac{①直接費用 + ②間接費用}{③世帯所得}$$

⑶　第 1 期出生率低下の要因

　本書では主に第 2 期出生率低下の要因を扱いますが、その前に第 1 期出生率低下の要因について簡単にみておきます。所得水準上昇とそれに伴う社会構造の変化が出生率低下の要因であることは、経験則としてすでに多くの先行研究で確認されてきました[1]。ただしどのような経路をたどって所得水準上昇が出生率低下をもたらすのかは非常に複雑で、さまざまな経路が考えられます。ここではライベンシュタイン・モデルに沿って考えてみましょう。このモデルでは、出生率低下は子の効用の低下と子の費用の上昇によって説明されます。日本を念頭に第 1 期出生率低下要因を考えると、この時期、子の効用が低下したことが推測されます。まず第 1 期に農業・商業の自営業世帯の割合が低下し、これに伴い子の労働効用が低下しました。次にこの時期に、国民皆保険制度 (1938)、国民皆年金制度（1961 年）など社会保障制度が整備され、さらに社会福祉元年（1973）に給付水準の引き上げがあり、社会保障制度が充実しました。そしてそれに伴い、子の年金効用が低下したと考えられます。変化がないのは子の消費効用のみであり、発展途上国一般に関し

ても経済の発展に伴い産業構造が変化し、自営業世帯の割合が減少することで労働効用が低下し[2]、また経済の発展の度合いに応じて社会保障制度が整備されていくことを通じて年金効用が低下することから、第1期に全体として子の効用が低下しました。これが第1期出生率低下の主な要因だと考えられます。したがって言葉を換えれば、経済発展の正の効果として、子がいなくても生活が成り立つようになったので、出生率が低下したとも表現できるでしょう。

第2節　第2期出生率低下と女性就業

(1)　カギは育児と就業の両立

　次に第2期出生率低下についてですが、すでに子の効用（労働効用と年金効用）は第1期に低下しており、子の消費効用は時代を超えてほぼ一定と考えられるため、第2期に関して子の効用に大きな変化はないと想定できます。したがって子の費用の上昇が第2期出生率低下の主要因だと予想されますが、先進諸国での出生率に関しては女性就業率との関係がこれまで多く指摘されてきました。

　女性就業率の推移がU字カーブを描くことは、先進諸国共通の経験則として知られています。経済発展に伴う産業構造変化で初期には農業・商業の自営業世帯が減少することで、家族就業者としての女性就業が低下し女性の専業主婦化が進みますが、さらに産業構造の転換が進むと今度はサービス業の拡大で再び女性就業が増加するからです。したがってある時点から女性就業率がほぼ一貫して上昇する局面になりますが、日本では1975年に女性就業率は底をうち、以降ほぼ一貫して上昇しています（図表4）。第2期出生率低下が1974年からであるので、第2期の出

生率低下を説明する有力な変数として女性就業率上昇が考えられてきました。

図表4　日本の女性就業率推移

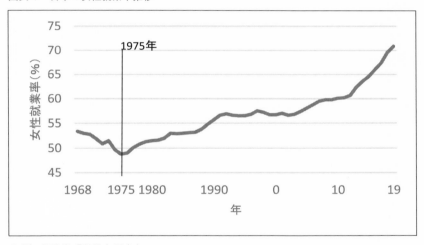

出所）総務省「労働力調査」。
注）就業率は15-64歳女性人口に占める女性就業者の割合。

　ただし結論を急いではいけません。「女性が社会進出なんかするから出生率が低下したのだ」という、長らく支配的だった俗論が聞こえてきそうです。この俗論は女性就業率上昇時期と第2期出生率低下期がほぼ重なることから、説得力のある見解として広く社会に流布していました。あるいは今でもこの俗論を唱える人がいるかもしれません。しかしこの俗論は論理展開として誤りがあります。それは、女性就業率上昇と出生率低下の間に重要な媒介項があることを見落としている点です。その媒介項とは、育児と就業の両立が容易かどうかということです。

　女性就業率上昇が出生率にどう影響するかのカギを握るのは、育児と就業の両立が容易かどうかです。もし両立が困難であれば、育児と就業はトレードオフの関係になり、育児をとることは女性の離職を伴うため機会費用が発生します。つまり出生率は低下すると考えられます。逆に両立が容易であれば、出産・育児にかかわらず就業継続するので機会費用は発生しません。しかも妻の就業継続で世帯所得が増加するため、対世帯所得でみた育児費用は低下します。そのため出生率は上昇すると考えられます。したがって両立が容易かどうかは、ちょうど列車の線路の方向分岐器のように働きます。つまり女性就業率上昇という列車が、両立という分岐器にさしかかると、両立が「容易」ならば左（出生率上昇）へ「困難」なら右（出生率低下）へと、列車の走る方向が切り替えられると考えられます。したがって女性就業率がほぼ一貫して上昇する第2期において、出生率の動向にとって重要なのは育児と就業の両立です。そして両立が容易かどうかは国や時代によって異なるため、いわば両立の容易さを示す両立変数とでも呼ぶべき変数が、女性就業率と出生率の間を媒介する変数として挟まっていると考えられます。

　また女性就業率上昇が先進諸国に共通してみられる経験則だとしても、女性就業の内容や女性就業率の高さなどは国によって異なり、それに付随して出生率の状況も異なります。その様子を筒井（2015）は次のように類型化しています。つまり1970年代の経済危機にどう対応したかによって、先進諸国の経済類型がいくつかの類型に分岐したということです。北欧型は危機に対し高福祉路線を採択し、公的部門の雇用（特に女性のケアワーカー）を拡大させました。これにより女性就業率が上昇しました。ドイツは男性の雇用安定を重視するとともに、早期退職を推し進め、退職者には公的年金で対処する途を選択しました。いわば北欧

の雇用拡大路線に対して雇用縮小路線であり、女性雇用は進みませんで
した。日本はこの時期、欧米ほど経済危機が深刻ではなかったため（成
長率4％台、失業率2％台）、2つの調整で対応することで事足りまし
た。1つは内部市場で正規雇用を調整する（減員はせず会社内・グルー
プ内での人員再配置、賃金カット）こと、もう1つは外部市場で非正規
雇用を調整（人員調整）することです。そして70年代に形成された内部
／外部労働市場のこの日本的組み合わせが、その後も日本の労働市場構
造として継続し、女性雇用は1985年の男女雇用機会均等法（女性の正規
雇用拡大を目指すものであった）などにもかかわらず、一貫して非正規
雇用を主軸に拡大します。これについては後ろで詳説します。

図表5　男女就業率の国際比較（25-44歳：2015年（※））

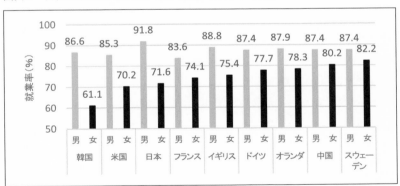

出所）OECD加盟国のデータはOECD.Statより、中国のデータは国務院人口普査辦公室・
　　　国家統計局人口和社会科技統計司編「中国2000年人口普査資料」より作成。
※データは中国のみ2000年。
注）就業率は25-44歳人口に占める就業者の割合。

　以上のように類型化した上で、女性雇用が拡大し女性就業率が高い北欧などで出生率も高く、ドイツや日本など女性就業率が伸び悩む国で出生率も低いという説明がかなり広く共有されてきました。

　付け加えると、実はこんにちドイツや日本の女性就業率はすでに決して低くなく（図表5）、ドイツのジェンダー別労働市場のあり方は2000年代以降大きく変化しつつあります。

(2)　ドイツの「就業－ケア共同モデル」

　ドイツの事例は、日本の現状の何が問題であるかを映す鏡として、とても貴重です。ドイツでは2001年に「パートタイム・有期雇用法」が施行され、フルタイム正社員が時短正社員になることを希望すれば企業は必ずそれを受け入れることが義務化されました。さらに2019年に「架け橋パート法」が施行され、時短正社員がフルタイム正社員に戻ることを希望すれば、企業は必ずそれを受け入れることが義務化されました（田中：2020）。これによってフルタイム正社員と時短正社員を、個人は自分のライフサイクルにあわせて自由に選択できるようになり、育児と就業の両立は格段に容易になったであろうと予想されます[3]。子が幼少で育児に時間がかかる時期には時短正社員を選択し、子が大きくなって世話がかからなくなったらまたフルタイム正社員に戻るという選択が可能になったことで、ライフワークバランスを個人レベルで実現できるようになっています。日本ではライフワークバランスは夫がワーク担当、妻がライフ担当と夫婦でジェンダー別分業することで世帯レベルで実現しているわけですから、その点で異なります。そして実際ドイツでの女性就業率は時短正社員を主軸に目覚ましく上昇し、出生率も1994年に1.24と底をついた後、特に2006年（1.33）から急速に回復し2016年には1.60まで回復しました（図表6）。

図表6　ドイツの女性就業率と出生率

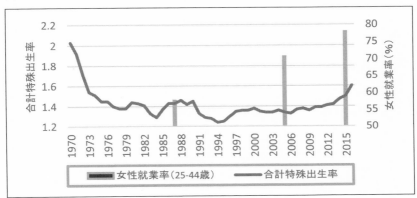

出所）女性就業率のデータはOECD.Stat。合計特殊出生率は世界銀行のデータベース。

　さらに補足すれば、時短正社員に従事するのは女性ばかりでなく、男性でも増加しており、もともと日本と同様に家父長的家族と家父長的企業の組み合わせであったという特徴は、急速に薄れてきています。ドイツ政府は政策方針として「就業－ケア共同モデル」を掲げていますが[4]、これは日本の男女共同参画社会に相当するものと理解できます。日本の男女共同参画社会の謳う範囲は、男女の人権や国際社会との協調など広いので、より正確にいえば、特に男女共同参画社会の就業面のモデルに相当するといえるでしょう。日本の男女共同参画社会の就業面での定義は、「ペイドワークとアンペイドワークを男女がともに均等に担う社会」となります。ドイツの「就業－ケア共同モデル」と日本の男女共同参画社会との違いは、前者が労働時間の短縮をモデルの定義内部に組み込んでいるのに対し、後者は定義自体に時短を組み込んでいない点です。
　したがってドイツのモデルは図表7の右側の夫婦時短正規型のみを指

しますが、日本の男女共同参画社会は右から2番目の夫婦正規型をも含むものである点に違いがあります。

図表7　就業・家事の世帯類型

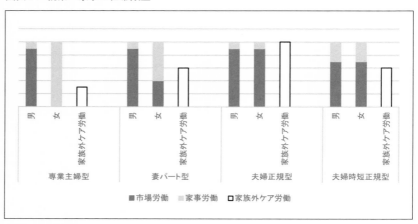

出所）田中洋子（2020）p.72.図1を一部改変。

　経験的に知られているように、夫婦正規型で育児と就業を両立するのは容易ではありません。この点をNHKの国民生活時間調査（NHK放送文化研究所編：2016）を用いて確認してみましょう。

第3節　真の男女共同参画社会を可能にする時短

（1）　日本の30代の生活時間

　図表8は、日本の30代の生活時間をみたものです。30代を取り上げる理由は、この世代が仕事でも家事でも最も忙しいからであり、この忙し

い世代でも成立するような、男女が真の意味で共稼ぎ（男女とも正規雇用）でありながら、育児と就業が両立するモデルを確認したいからです。仕事を引退し、家事もさほど忙しくない60代、70代を加えた平均の生活時間では、この点を確認するのにふさわしくありません。仕事と家事に忙しい世代での検証こそがここでの課題です。

図表8　日本の30代の生活時間

	男性	女性	計
市場労働	10時間24分	5時間9分	15時間33分
（仕事）	（9時間1分）	（4時間27分）	
（通勤・付き合い）	（1時間23分）	（42分）	
家事	44分	5時間29分	6時間13分
計	11時間8分	10時間38分	21時間46分

出所）ＮＨＫ放送文化研究所編（2016）。
注）平日の全体の平均時間。図表9も同様。
注）ここで市場労働時間とは「仕事」時間に「通勤」時間と「仕事のつきあい」時間を加えたもの。図表9も同様。

　さて、男性の仕事時間をNHK放送文化研究所の国民生活時間調査を用いて年齢階層別にみると30代が最も長いです。これは他の調査結果とも符合しますが、会社の役職でみれば課長補佐にあたる人が多い30代は、直接現場に関わる仕事をするトップである場合が多く、現場の最後を見届けてからようやく仕事を切り上げる職務の性質によって、労働時間が長くなっていると考えられます。役職が上がって課長や部長になると、逆に残業時間は減る傾向にあります。役職があがると直接現場に関わることが減り、時間の使い方に関する自己裁量が増えるためと考えられます。

　また女性の家事時間は30代が最も長いですが、項目別にみれば家事のなかでも育児が最大の項目であり、30代は子が直接手間のかかる幼少である場合が多いため、このような結果になると思われます。

　このように、仕事でも家事でも最も忙しい30代男女の市場労働時間と家事時間の総計時間は21時間46分ですが、男女がともに正規雇用として働く場合にこの総計時間を上回らずに済むのかをみていきましょう。ちなみにここでいう「市場労働」時間とは、「仕事」時間に「通勤」時間と「仕事のつきあい」時間を加えた時間です。「市場労働」時間を設定する理由は、「通勤」時間と「仕事のつきあい」の時間は自由時間とみなせず、仕事に付随する拘束された時間とみなすべきであるという理由と、もう１つ重要な技術的な理由として、現状の男女の仕事と家事の総計時間を上回らない範囲内で、女性も男性同等に働くときの仕事時間をシミュレートしたいわけですが、専業主婦を含む女性の現状から女性が仕事をするモデルを考えるのであれば、当然それに付随して「通勤」時間と「仕事のつきあい」時間が発生するはずであり、それを考慮に入れないとより正確なシミュレーションにならないからです。

(2)　男性の働き方標準モデルは夫婦共に過労死

　まず男性の働き方を標準とみなして女性が男性並みに働くモデル、つまり図表７での夫婦正規型を考えてみましょう。ちなみに図表８での家事時間の内訳は、男性の育児19分、女性の育児２時間51分です。これは女性のなかに専業主婦も含まれての平均時間です。全女性が働くモデルを考えるので、30代男女の「勤め人」の育児時間（平日で全体の平均時間）をこのモデルでの育児時間として採用します。男性「勤め人」は育児19分で男性全体と変わりませんが、女性「勤め人」は育児１時間36分

で女性全体平均の2時間51分より短くなります。

　男女の総計時間ですが、これは現状を大きく超えています。その超え方がどれくらいであるかをイメージするため、男性の残業時間（時間／月）に注目してみてみると、62時間50分となります[5]。いわゆる過労死ラインが残業時間80時間／月であり、月45時間を超えると過労死の発症リスクが出始めるとされることを考えると、過労死ラインには至らないものの過労死ラインに片足を突っ込んでいると表現できる水準です。したがって男女が真に共稼ぎになる、つまり男女がともに正規雇用として就業する世帯モデルは、現状の男性の働き方を標準にすると過労死に片足を突っ込む事態になり、実際には成立しないと考えられます。

図表9　日本の30代の時短モデルの生活時間

	男性	女性	計
市場労働	8時間44分	8時間44分	17時間28分
（仕事）	（7時間21分）	（7時間21分）	
（通勤・付き合い）	（1時間23分）	（1時間23分）	
家事	2時間9分	2時間9分	4時間18分
計	10時間53分	10時間53分	21時間46分

出所）NHK放送文化研究所編（2016）。

　ではどれだけ労働時間を短縮すれば、現状の30代男女の総計時間と少なくも同じ時間におさまるのか。それが図表9です。育児時間は「勤め人」の平均時間を採用しています。また専業主婦を含む30代女性全体の平均時間であった「通勤」時間と「仕事のつきあい」時間は、男性の「通勤」時間と「仕事のつきあい」時間に揃えることにしました。実はデータ上、30代「勤め人」女性の「通勤」時間と「仕事のつきあい」時間は

男性のそれより短いです（それぞれ58分と4分）。男女間で雇用形態や
職位の割合が異なることなどが影響しているのでしょう。しかしこのモ
デルでは、「男女が同等に働く」ことを想定して男性に合わせることに
しました。

　結果は労働時間が7時間21分で、ようやく現状の男女総計時間と同じ
に収まる男女共同参画社会が可能となるという計算結果になりました。

　つまり労働時間が7時間21分であれば、男女が同じ時間だけ労働を
し、同じ時間だけ家事をする、そしてその仕事と家事の夫婦総計時間が
すでに忙しい現状の総計時間と同じに収まるということです。

　法定就業時間の8時間を変えず、残業が一切ない時短水準（かつての
時短促進法が目標とした水準）でもまだ足りないのです[6]。このシミュ
レーションからも、本来男女共同参画社会はドイツの「就業－ケア共同
モデル」のように、労働時間短縮を必要条件として内部に組み込まない
と実際には成立しないことが分かるでしょう。法定労働時間の8時間を
変えることは難しいとしても、「男女が育児と仕事を両立させながらと
もに正規雇用で働く」ことが成立するためには、男性の働き方が少なく
とも平日は残業がなく定時に帰宅するのが常識にならないといけないと
考えられます（この場合、30代男性で24分、30代女性で54分現状の生活
時間より市場労働時間と家事時間の合計が長くなります）。

第4節　問題は正規雇用の働き方

(1)　ジョブ型とメンバーシップ型

　そこでドイツの非正規雇用（時短正社員制度）が参考になるわけです
が、ドイツのそれがフルタイムと同じ正社員であるのに対し、日本では

正規雇用と非正規雇用は雇用身分の違いを表すもので、単に労働時間の長短の違いではありません。少し詳しくみていきましょう。

　日本の正規雇用は欧米のジョブ型とは異なり、いわゆるメンバーシップ型（野村：2007）といわれてきました。ジョブ型とは次のようなイメージです。いま仮にあなたが牛乳と卵をきらしていることに気づき、スーパーで買ってきてもらいたいと考えているとします。業者に「スーパーで牛乳と卵を買ってくる」という仕事を与え、対価として500円を支払います。これがジョブ型の原型です。つまり業者からすれば、「スーパーで牛乳と卵を買ってくる」というような明確な輪郭をもった「なすべきこと」つまり「ジョブ」があって、それをこなす労働を売って労賃という対価を得るという形式です。市場で「ジョブ」が売買されているというイメージです。

　それに対してメンバーシップ型は、江戸時代の藩主に仕える武士を考えるといいでしょう。武士は藩の構成員、つまりメンバーであるという身分によって俸禄を受け取ります。特定のジョブの対価として俸禄を受け取るわけではないので、「なすべきこと」の明確な輪郭（これをジョブディスクリプションと呼びます）がありません。では、やることがないかといえば、逆に藩主が必要と思うすべてが武士の仕事になりえますので、仕事の量と範囲はその意味で無限定です。

　近代以降の日本の会社は、こうしたかつての身分制を偽装・再利用しました。濱口（2015）によれば戦前の日本の会社において会社の構成員、つまりメンバーとみなされたのは男性正社員だけです。工場労働者（工員）や派遣労働者（組夫）はメンバーとはみなされませんでしたし、また高等教育を受けた女性は採用されず、社員になれませんでした。中等教育を受けた女性は女子事務員として採用されましたが、結婚するまで

の短期勤続が慣行としてあり、会社のメンバーとはみなされませんでした。女性の多くは初等教育卒の女工で、しかもやはり勤続年数は極めて短いものでした。

　戦後になると、社員であるかどうかの境界線は少し拡大します。戦後の経営民主化闘争のなかで、工場労働者（工員）の待遇を社員と同じようにすることが要求され、工場労働者は「技能員」と呼ばれ社員に含まれることになりました。しかし派遣労働者や臨時労働者は、いまでも社員と区別されています。

　女性に関しては、特定の専門職を除いて大卒女性を社員として採用する企業は少数でした。会社が女性に提供した枠は戦前と同じく女子事務員であり、この女子事務員には学歴的には高卒、短大卒が対応しました。このため戦後の日本では、女性の進学先として短期大学が急増しました。下手に女性が大学に進学すると、就職先がなくなるという現実があったからです。そして女子事務員は戦前と同じく結婚までの短期勤続が慣例とされ、会社のメンバーとは依然みなされませんでした。

　余談ですが、昭和6年（1931年）生まれの筆者の母は、6人兄弟の末っ子に産まれましたが、上の兄弟5人はみな男で大学に進学します。それをみて自分も大学に行きたいと、郷里の長崎から東京に住む兄を頼って受験のために上京したそうです。まだ戦後から数年後のことです。新幹線のない時代の長旅ですので、道中の安全のため18歳の女子であることを隠して男装したりと、ちょっとした冒険旅行でもあったそうです。また途中の列車で食べるために持参した銀シャリ（白米）の弁当を食べるのがもったいなくて、大事にとっておいたら悪くなってしまって、それでもあまりにもったいないので食べてお腹を壊したりと、エピソードに富んだ旅だったようです。それより何より一番大変だったのは、当時両

親含め家族や親せき一同が、女性である母の大学受験に反対したため、目的が受験であることは伏せ、兄の生活の世話をするためと嘘をついて上京したことだったそうです。母の上京を迎えた兄は、本当の目的が受験と知りびっくりしたそうですが、最後には味方してくれたそうです。その後、母は東京大学を卒業しますが、やはり就職には苦労したそうで、何とか東京の私立高校の先生としてキャリアをスタートさせることができたそうです。

(2)　男女間賃金格差の要因

　余談が長くなりましたが、全体に関係する大事な議論でもありますので脱線を続けます。よく男女間賃金格差の要因分析で次のような分析がなされますが、母の話を思い出しその分析に憤りを覚えることがあります。例えば労働省（当時。後の厚生労働省）の「賃金構造基本統計調査」（平成元年）でなされている男女間賃金格差の要因分析では、まず男性全体の平均賃金を100とすると、女性全体の平均賃金は60.2になります。一点補足すると、「女性の平均賃金は男性の 6 割」という数字が広く流布しているのは労働省のこのデータからきますが、このデータでは非正規雇用を除外しています。よく知られているように、女性の方が非正規雇用の割合が高いため（女性就業者の約 6 割が非正規、男性は約 2 割が非正規です。男性非正規の約半分は定年後に再雇用された高齢就業者で現役世代に限れば非正規は約 1 割です）、非正規雇用も含めると男女間賃金格差は女性の平均賃金が約50（男性 = 100）と男性の半分になります。本来男女間賃金格差の数値として使われるべきは、この50です。日本での働き方にはジェンダーバイアスが大きく、男性は正規雇用で女性は非正規雇用が多いという特徴をもつため、その現実を外して正規雇用

に限定した男女間賃金格差をみるのでは意味が半減するからです。ちなみに男女間賃金格差を諸外国と比べると、欧米先進国は概ね70から80の間です。成績の優良可でいえば最も男女間賃金格差が小さいのはスウェーデンなど北欧諸国の80で、成績をつけるとすれば「優」でしょうか。次にフランスなど大陸ヨーロッパ諸国の75で、これを「良」としましょう。英米は先進諸国のなかでは男女間格差が大きく、70なので「可」としましょう。日本は50です。成績は「不可」になるというオチです。

　さて話を元に戻して、労働省の議論に即していえば、女性の平均賃金が男性の6割と少ないわけで、男性より少ない分の4割部分が何に起因するのかを調べることになります。そこで賃金に影響すると考えられる要因、年齢、学歴、勤続年数、企業規模、職位をとりあげます。

　まず年齢ですが、一般に年齢の若い新卒は低い給料からスタートし、年齢とともに徐々に給料が上がるわけですから、年齢の若いグループの平均賃金と年齢が中高年層グループの平均賃金を比べれば、後者の中高年層の平均賃金の方が高くなるのが道理です。日本の男性の就業率カーブは、圧倒的多数は新卒後に就職してから定年まで働き続ける、高い高原型カーブを描きます。一方で女性の就業率カーブはM字型で、かつ最初の山の方が高いという特徴があります。このとき男性の就業者グループの平均年齢と、女性の就業者グループの平均年齢を比較するとどうなるでしょうか。答えは男性の就業者グループの平均年齢の方が高くなる、です。男性は就業者グループのなかに全ての現役世代が万遍なくいるのに対し、女性の就業者グループは年齢階層別にみて若年層の割合が多いからです。とすると、男性の平均賃金と女性の平均賃金は、異なる平均年齢集団間の比較ということになりますので、男女間の平均賃金の格差のなかには、年齢間格差によるものが含まれていることになりま

す。そこで年齢による格差を取り除く作業をします。具体的には、同じ
年齢の男女間賃金格差をそれぞれ全年齢について調べ、各年齢の男女間
賃金格差の加重平均をとるわけです。こうした年齢要素を取り除く作業
のことを「年齢要素をコントロールする」といいますが、そのコント
ロール後の女性の平均賃金は62.8（男性＝100）になります。元が60.2で
したので、男女間賃金格差と思われていた部分のうち2.6％ポイントは年
齢要素によるものだということになります。

　同様の作業を学歴、勤続年数、企業規模、職位に関しても行います。
すると男女間賃金格差のうち学歴要素によるものが3.2％ポイント、勤続
年数、企業規模、職位の要素によるものがそれぞれ8.2％ポイント、1.1％
ポイント、8.4％ポイントとなり、５つの要素によるものを合計すると
23.5％ポイントになります。そこで労働省の「賃金構造基本統計調査」
では、「いくつかの要素をコントロールすると男女間賃金格差は83.7に
なる」と説明するわけです。なんと素晴らしいことでしょう。男女間賃
金格差に関し、成績が80で「優」の北欧を超えてしまいました。この分
析は、労働省に限らず男女間賃金格差の分析としては一般に行われるも
ので、学歴など合理的な要素によって格差が説明できる部分を合理的格
差とし、それ以外（上の計算では残りの16.3％ポイント）を合理的要因
によっては説明のできない男女差別による格差とします。

　この分析を皆さんはどう思われるでしょうか。筆者が母のエピソード
を思い出し、この分析に違和感を覚えるのは、この分析が日本での働き
方の現実をまったくみていないと考えるからです。日本での働き方の本
質に迫る重要な問題ですので、詳しくみていきましょう。

　「学歴のより高い人がより高い給料の仕事につく」という事態を、お
そらく100人いれば100人の人が首肯すると思います。これが逆の事態

「学歴のより低い人がより高い給料の仕事につく」であれば、100人全員が首をかしげるのではないでしょうか。ほぼ全ての人が首肯する、あるいは納得できるということが、原初的な意味で「合理性がある」ということです。高学歴なので高収入という因果関係、つまり「高学歴→高収入の仕事」という因果のベクトルには合理性があるといえます。多くの人が納得するからです。それゆえ、男女間賃金格差のうち学歴要素部分は合理的な格差であるとされるわけです。

　この部分だけを抜き出していえば、「女性が低賃金なのは女性が低学歴だからだ」と説明していることになります。ここで筆者は母のエピソードを思い出すのです。母は東大を出ましたが、就職先がなかったのです。女性だから。当時の人々はその現実を知っていました。だから、そもそも女性は大学などに行かない選択をしていたのです。現実には因果のベクトルの向きは逆なのです。本当の因果のベクトルは、女性には社員採用が閉ざされ、低学歴が対応する女子事務員しかあてがわれていなかったので、学歴をあえて低く抑える選択がなされていたわけです。

　女性が低学歴を選択してきたこと自体、能力や努力の結果ではなく、女性は社員には採用されないという大きな男女差別の土台の上でなされてきたということです。同様のことは他の要素、年齢や勤続年数、職位などにもいえます。したがって日本では合理的と考えられてきた男女間賃金格差は、実は男女差別という大きな土台の上での合理性になっているということです。ここには「社員」という身分がもつ本質的意味を示唆するカギがあります。

　その前に、80年代以降の働き方の変化についてみておきましょう。1986年に男女雇用均等法が施行されると、男性は正社員で女性は事務員というそれまでの性別による雇用管理から、男性正社員に対応した働き

方を総合職、女子事務員に対応した働き方を一般職と呼び改め、総合職
コースと一般職コースのどちらを選択してもよいとすることで、形式上
は雇用機会均等法に即した雇用管理制度を整備します。現実にはこれ以
降も、男性の多くは総合職を女性の多くは一般職を選択しました。重要
なのは総合職と一般職とは「仕事内容が異なる」、つまり「ジョブ」が
異なるわけではないということです。両者はそれぞれ従来の社員と事務
員を踏襲したもので、何が異なるのかと言えば、それは会社のなかでの
「身分」の違いであるということです。そして異なる身分には異なる雇
用制度が対応しています。

　では総合職の身分とは何かといえば、会社の正規のメンバーであると
いう身分です。日本の雇用慣行において、会社は正規のメンバーである
総合職の社員に対して、定年までの長期雇用と年功給を提供します。こ
の年功給は、生活給と呼ばれることもあります。歴史的には戦時期に経
済への国家統制が強まるなかで、厚生省が生計費を保証する賃金体系を
作成し、これが法令化されたことに始まります（濱口：2015）。戦後は
労働組合が、この生計費保障給を労働運動を通じて、嫌がる会社側から
勝ち取ります。この生活給を大沢（1993）は、「男同士が決めた“妻子
を養う”男の生活費に見合う賃金」と指摘しました。男同士が決めたと
は、労働組合も対する資本家側も男ばかりの世界でしたので、労資交渉
で決めたとはしたがって男同士が決めたことという意味です。そして
（妻子を養う男の）生活給という年功賃金の性格から、生活給（年功給）
の対象が男性に絞られてしまう事態を、「“妻子を養う”男の生活費にみ
あう賃金に、女をあずからせるということ自体が論外」と大沢は喝破し
ました。このため生活給は、家父長制賃金とも呼ばれます。年功給ない
し生活給と呼ぶとニュートラルな印象ですが、実はジェンダーバイアス

が非常に強い賃金制度ということがいえます。

(3) 「社員」という働き方

　会社側が社員に対しては長期雇用と年功給を提供するのと引き換え
に、社員たるものは会社に対して３つの無限定性を提供するというの
が、「社員」という身分、雇用制度の本質です。３つの無限定性とは職
務内容、勤務地、労働時間の３つが無限定であることです（濱口：
2015）。順に説明しましょう。まず職務内容ですが、これは欧米でジョ
ブディスクリプションと呼ばれるものです。すでに説明したように「社
員」とはジョブ（職務内容）によって定められるものではなく、会社の
メンバーであるという身分であり、職務内容の範囲は無限定です。アメ
リカのドラマなどを観ていると、こんなシーンが出てきます。会社のな
かで上司が部下にある仕事を頼みます。すると頼まれた部下がその仕事
は自分の職務内容外であると主張し、その仕事もするならば賃金を上げ
ろと交渉し、その場で賃金額の交渉がまとまり、ようやく部下がその仕
事に取り掛かるといったシーンです。ジョブ型雇用だからこその場面で
す。職務内容が無限定である日本の社員であれば上司に頼まれた仕事を
断るのは簡単ではない、少なくとも断るには別の理由が必要になるで
しょう。

　次に勤務地ですが、職務内容が無限定である社員は、それゆえ会社内
で部署から部署へと社内異動を繰り返します。全国に事業を展開する会
社であれば、異動は転勤を伴います。したがって勤務地も無限定となる
のです。欧米では勤務地は雇用契約の重要な項目の１つであるため、一
般に勤務地は固定されています。ただし日本でも、最近勤務地を限定し
た総合職の募集をする会社が出てきていると伝えられています。親元に

近いところで働くことを希望する男子学生が増えてきたそうで、労働力
不足が顕在化するなかで、会社側もこうした学生のニーズに応えた人材
募集をしないと、人材採用ができないからだそうですが、今後この動き
が普遍化するのかは分かりません。労働力不足を味方につけて、労働者
が会社を選択することを通じて会社が制度を（労働者にとって良い）改
正するという動きが拡がってほしいと思いつつ、動向に注目していま
す。

　最後に労働時間ですが、育児と仕事の両立という観点からは最も重要
なポイントです。欧米先進国と比べて、日本の就業者の労働時間は長い
という特徴があります。日本の労働時間統計として一般に使用される厚
生労働省の「毎月勤労統計調査」によれば、2018年に日本の労働者の年
間労働時間数は1769時間です。ヨーロッパ主要国のイギリス、フラン
ス、ドイツが1500時間前後であるのに比べると長時間です。

　また日本の年間労働時間数の時系列変化をみると、1960年頃をピーク
に減少しているのですが、この点については注意が必要です。90年代以
降の年間労働時間数の減少とみえるものは、実は非正規雇用の比率が増
加していることによるもので、正規雇用者に関しては労働時間は減少し
ていません。

　このように「社員」は労働時間も長く、職務内容、勤務地、労働時間
が無限定であるという働き方における特徴を有しています。

(4)　育児と仕事の両立を阻害する長時間労働

　法的な制度枠組みとしては、EU28カ国には労働時間に関する厳しい
上限規制があり、残業を含めて労働時間が週48時間を超えてはならない
としています。日本は、長らく労働時間の上限規制が明確な法令はあり

ませんでした。日本の労働基準法では、36条の条文に基づいて各事業所が労使協定で残業時間上限を定めその範囲内で残業ができるという制度枠組みでした。この条文から、36（サブロク）協定と呼ばれる制度です。働き方改革に伴う労働基準法の改正で、ようやく2019年から（中小企業は2020年から）上限規制が施行されました。とはいえ、原則として残業（休日出勤は含まず）は月45時間までとされているものの、特例（特別条項）として月100時間未満（休日出勤含む）と規定されるなど、上限規制としては非常に緩いものです。日本の多くの会社では、これまで残業時間上限を36協定で残業月80時間以下としているところが多かったのですが、この現状の上限を上回る上限時間設定となっていますし、そもそもその現状の月80時間にしても、過労死の労災認定基準が残業月80時間ですので、いわゆる過労死ラインだったわけですが、上限規制としてはむしろそれ以上に緩和してしまったともいえます。したがって欧米先進国と比べると、法制度の面でも労働時間への規制が日本は緩い国といえます。

　さらにいえば、サービス残業の問題があります。労働時間統計でよく使用されるのは厚生労働省の統計（「毎月勤労統計調査」）ですが、これ以外に総務省統計局の統計（「労働力調査」）もあります。厚生労働省の統計では、2018年の日本の労働者の年間労働時間は1769時間と紹介しましたが、実は総務省統計局の統計では同年の労働者の年間労働時間は1997時間であり、230時間ほどの差があります。

　この差はどこから生じるのでしょうか。実はこの２つの統計は、統計の取り方に違いがあります。厚生労働省の統計はアンケートを各企業に配布し、企業のしかるべき部署が従業員の労働時間を回答します。企業は従業員にお給料を支払います。残業があれば残業手当を払います。し

たがって企業は、従業員に支払ったお給料を計算する際の元になる、従業員の労働時間数に関するデータがありますから、これを回答するわけです。一方総務省統計局の統計は、アンケートを労働者個人に配布します。労働者は、自分の実際の残業時間を思い出してアンケートに回答します。この 2 つの統計で年間労働時間の差が230時間あるとは、推測するにサービス残業がそれだけあるということです。「実際の残業時間」（労働者本人の回答）から「企業がお給料を支払った残業時間」（企業の回答）を引いた差だからです。

　少し粗っぽいですが、次のような計算をしてみましょう。2018年に日本の雇用労働者数は5660万人います。この就業者の平均年収は441万円です。平均年間労働時間1769時間で平均年収441万円ですので、平均時給は2492円ほどです。平均時給約2500円としましょう。残業手当の賃金割増率など無視した粗い計算ですが、まあよしとしましょう。平均時給2500円で不払いのサービス残業時間が230時間ですので、 1 人平均57万5 千円の不払いサービス残業をこなしている計算となります。これが日本全体では5660万人の雇用労働者がいますから、実に32兆5500億円の不払い労働がある計算になります。財務省の統計（「法人企業統計調査」）で、2018年の日本の全産業の企業（資本金 1 千万円以上）の経常利益が約84兆円です。したがって、経常利益の約39％が不払い労働によるものという計算になります。少し恐ろしくなるような結果ですが、こうなると日本資本主義とは何なのかという、根本的な疑問すら浮かんできます。つまり資本主義以前の、何か特殊な制度だというべきではないかという疑問です。これに似た制度で思い出すのは、90年代に大きな社会的事件となったオウム真理教という新興宗教団体です。この宗教法人の経営活動は、信者の不払い労働に大きく依存していましたから。もちろん

これは粗い計算ですので、関心がある方は是非ご自身で計算して頂きたいと思います。

　こうしてみると、日本での労働時間短縮は少なくとも２つのステップが必要であると思えます。最初のステップは「サービス残業をなくす」です。サービス残業がない前提の上で、次のステップは残業の上限規制を厳しくする（上限時間数を減らす）ことになります。なかなか険しい道のりにみえます。

　では逆に、なぜドイツやフランスの労働時間は短いのでしょうか。筆者は大学院修士課程の学生だった頃、友人たちと研究会でヨーロッパ各国の労働事情に関する比較研究をしたことがあります。欧州12カ国を対象に労働時間の時系列変化を調べ、どの要因が労働時間短縮に効いたのかを調べるというものです。いくつかの仮説がありました。１つは、社会党などの左翼政党が政権党になった時期に時短が進んだという仮説です。しかし違いました。ほかにドイツなどでは、労働者の代表を経営陣に加えることを義務付けた法令がありますので、そうした法令ができた効果ではないかという仮説もありました。しかしこれも違いました。いくつもの仮説が当たらなかった後で、単純な史実を知りました。それは時短が進んだ国では、戦闘的な労働組合が時短を勝ち取ったという史実です。ドイツでいえばIGメタル（金属労組）という労働組合が非常に強力で、企業に対し激しい交渉を行って時短を勝ち取ったから時短が進んだのです。

　結論を得られて嬉しい反面、日本の時短へのヒントを期待していたのでがっかりしたのを覚えています。というのも、日本では1980年代に中曽根政権下で国鉄民営化を実施し、同時に国鉄労働組合に壊滅的ダメージを与えたことで、かつての日本の労働組合の戦闘的ナショナルセク

ターであった日本労働組合総評議会（総評）が解散に追い込まれ、代わって戦闘的ではない御用組合色の強い日本労働組合総連合会（連合）がナショナルセクターとして結成されていたからです。こうなるとドイツのように労働組合に期待することはできないので、別の道を考えざるをえません。筆者がそれ以降考えているアイデアの１つは、「賃金割増率を上げる」ことを国民の声として集約するというものです。残業時間に対しては、法定労働時間内の労働時給に賃金割増率を乗じた時給を支払うのですが、この賃金割増率が欧米主要国の50％に比べて、日本は25％と低いのです。残業時間を減らす動機を企業に与える手段としては、アリだと考えています。

　話を元に戻しましょう。総合職コースとは、労働者側が会社に対して以上のような職務内容、勤務地、労働時間の３つに関して限定なしに奉仕することと引き換えに、会社から正規のメンバーとして長期雇用と年功賃金（家父長制賃金）を与えられる雇用制度のことであると同時に身分制度でもあります。

　それに対して一般職コースは、旧来の女子事務員を呼び変えたもので、会社のメンバーではあっても短期勤続が前提の社員でした。90年代後半からは一般職コースの募集を停止する会社が増え、派遣社員や契約社員など非正規雇用がこれに取って代わるようになります。

　総合職を目指す女性ももちろんいますが、「均等法世代」と呼ばれる、男女雇用機会均等法に勇気づけられて、80年代に総合職を目指した女性でいまも仕事を継続している人はわずかです。また2000年代以降にしても、総合職を目指す女性は中野（2014）が「育休世代のジレンマ」と呼ぶ悩みを抱えています。総合職とは、家事・育児を妻に負担してもらえる男の働き方が標準になっているので、家事・育児負担を抱えた出産後

の女性は昇進・昇格にあまり縁のないキャリアコース（これをマミートラックと呼びます）に固定されがちであり、キャリアを目指して総合職を選択したものの、出産後にマミートラックに陥るというジレンマを抱えるというわけです。

　したがって総合職コースというこの男性の働き方（特に長時間労働）が原因で、日本では女性雇用が非正規雇用を主軸に拡大してきたのであり、日本において育児と仕事の両立を阻害する最大の要因であり続けています。

(5)　時短が日本を救う

　ここで、本書の意見と近いようで異なる見解を紹介しましょう。育児と仕事の両立が困難であることが、女性就業率が高まるなかで、出産・育児の機会費用を高めているという本書の主張は、柴田（2016）の「子育て支援が日本を救う」という本のタイトルにもなったメッセージとも部分的に共鳴しています。しかし柴田は、育児と仕事の両立が困難であることが問題であるとしている点までは本書と同じスタンスなのですが、では育児と仕事を両立させるためには何が最も必要なのかという点についての理解が異なります。柴田によれば、育児と仕事を両立させる最大のものは保育サービスの充実です。本書では時短です。すでに説明してきたように育児と仕事の両立を阻害する最大のものは、（長時間労働という）働き方にあると考えているからです。したがって柴田氏風に表現すれば、「時短が日本を救う」というのが本書の1つのメッセージということになります。

　経験的に考えても、育児と仕事の両立にとって確かに保育サービスは必要ですが、保育園でも多くは夜7時までですので、夫婦ともにフルタ

イム正規職では毎日時間までにお迎えに行くというのが難しいのです。夫婦がともにフルタイム正規職でありながら、確実に毎日保育園にお迎えにいける程度には時短ができた前提で、次に保育サービス充実を謳うという、先に時短、次に保育サービス充実という優先順位になると考えています。

　柴田は、実証分析の結果として「育児と仕事を両立させるための保育サービス支出が増加すると翌年の出生率が上がる傾向がみられる」ことから、保育サービスの充実が重要であるとしています。労働時間に関しては、「労働時間が長くなると、次の年に出生率が下がる」という傾向がみられないとして、時短の効果は低いとしています。しかし筆者は労働時間の変化というＸの要素が、出生率というＹの要素に「次の年に」変化を与えるかどうかで両者の間に因果関係が存在するかを判定するという実証分析モデルには懐疑的です。まず変化を「次の年に」みるというのは現実的ではないように思います。多くの人は、長期的な見通しのなかで出産のタイミングを図ります。今年少し労働時間が減ったから増えたから、出産するしないを決めるとは考えづらいと思います。本書で述べているのは、「自分の仕事は定時に帰宅できる」という働き方の制度的な保障があれば、人は出産・育児をしやすくなるということです。次に労働時間の変化も中身が重要です。すでに述べたように、日本では90年代以降非正規雇用比率上昇に伴って雇用労働者の平均労働時間は減少しています。しかし総合職コースの労働時間は減少していないことを、本書は問題にしてきました。したがって、労働時間の変化だけをみて中身をみない実証分析の結果には懐疑的です。

　実証分析は、社会的事象の関係性を解明する重要なアプローチではありますが、「理屈が通る」「論理的に正しい説明ができている」といった

抽象力による論理的分析と十分に併用される必要があると考えています。

　こんな意見もありえます。「男女ともに全員が非正規になって、男女共同参画社会が実現すればよい」。これは実際に小泉内閣において、首相直属の諮問委員会で、ある女性委員が発言した内容です。ワークシェアリングという言葉があります。仕事を分かち合うという意味で、1980年代に高失業率に悩むオランダで就業者1人1人の労働時間数を減らして、その分雇用者を増やす政策として名付けられたものです。日本では2000年から2005年の5年間で、正規雇用が約400万人減り非正規雇用が約600万人増えました。割合として正規雇用が2人減って非正規雇用が3人増えたということで、これはある意味日本版ワークシェアリングだといえます。しかし男女全員が非正規雇用になって労働時間も短縮し、男女が共にペイドワークとアンペイドワークを担う社会としての男女共同参画社会が実現すればよいのかといえば、そんなことはありません。出生率への影響という観点からいえば、雇用の流動化・不安定化が所得減少と不安定化に結び付き、出生率は低下すると考えられます。本書が主張するのは総合職コースの労働時間短縮によって、総合職コースでも育児と仕事が両立でき、それによって真の男女共稼ぎが実現すると出産・育児による②機会費用（間接費用）は発生せず、かつ③世帯所得は増加かつ安定化するため育児費用は低下しますから出生率は上がると考えられるということです。

　もう1つ、本書と近いようで異なる見解として、「男性の育児休暇取得率を向上させないといけない」という主張があります。これは主に厚生労働省が主導しているもので、企業によっては取り組む姿勢をみせています。しかしこの主張は「悪」とはいいませんが、ピント外れと言わ

ざるをえません。男性の育休取得率は2019年に6％を超えましたが、その日数は5日未満が57％です。男性の育休取得率が低いのは家計の合理的選択の結果にすぎません。まず育児は夫婦どちらか一方が育休を取得すれば足りるという実態があります。次に、育休中は元の給料の6割程度を支給されます。さて以上の条件下で、子育て費用が今後嵩むと想定される家計は、どういう選択をするでしょうか。当然お給料の低い方が育休をとって、高い方は働き続けて所得を稼ぐという選択をすると考えられます。問題は多くの場合、妻の方が給料が低いという現実であり、男女間賃金格差の源にある労働市場の家父長的なあり方です。目指すべきは男性の育休取得率向上ではなく、労働時間短縮です。総合職（男性）の労働時間が短縮されれば、女性も総合職につきやすいジェンダーニュートラルな労働市場へと変わり、男女間賃金格差も縮小するため男性の育休取得率も上昇すると考えられます。これが王道ではないでしょうか。

第5節　女性就業率と出生率の関係性の推移

　先進諸国において、出生率低下は子の費用、なかでも②間接費用の上昇が主因の1つと考えられますが、②間接費用の上昇は育児と就業の両立が困難な条件下で女性就業率が上昇することに起因します。

　OECD加盟国全体をみると、1980年代半ばまでは女性就業率と出生率の関係は負の関係でありましたが、80年代半ば以降は正の関係へと転じています（図表10）。国別にみるとアメリカでは1976年、スウェーデンでは1984年が転機となって女性就業率と出生率が正の関係になります。

　日本の長期出生率推移は図表3で確認しましたが、2000年以降に限って推移をみると（図表11）、2005年に出生率1.26という最低点を底に出

図表10　OECD加盟国の女性就業率と出生率の関係の推移

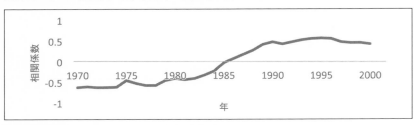

出所）Kenjoh(2004),Balancing Work and Family Life in Japan and Four European Countries, p.33

図表11　日本の出生率推移（2000年以降）

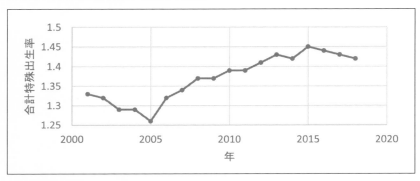

出所）厚生労働省「人口動態統計」。

生率はその後回復し、2015年に1.45で頭打ちになり、それ以降また緩やかに下降していることが分かります。このため日本での女性就業率と出生率の関係の推移は、第2期に入って以降2005年まで負の関係、そこから2015年まで正の関係、そしてそれ以降再び負の関係へと転じていることが分かります（図表12）。

図表12　日本での女性就業率と出生率の関係推移

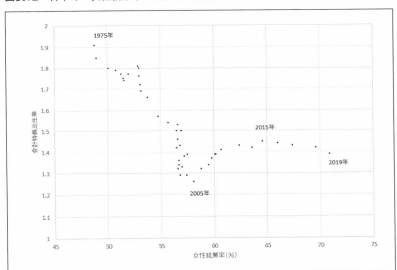

出所）総務省「労働力調査」、厚生労働省「人口動態統計」。
注）就業率は15-64歳女性人口に占める女性就業者の割合。

　図表13から、育児休業制度を利用して継続就業する比率が高まってき
ていることが分かります。出産前就業者を母数にすると、出産退職が
46.9％、継続就業が53.1％と2010〜14年に初めて半分を上回り、また継
続就業者に占める育休利用者の割合も、2010〜14年には約74％と高まり
ました。育休制度が、育児と就業の両立を促進させていることが伺えま
す。こうしたことから、育児休業制度で両立が少し容易になったので出
生率が反転しましたが（2005年）、育児休業制度が両立を容易にするの
は、最長でも子が3歳まででありその効果には限界があります。子が3
歳を過ぎれば、正規雇用で育児と就業を両立させることは難しいという

現実に再び戻るからです。したがって育児休業制度の効果が限定的で、育児と就業を両立させる真の阻害要因（正規雇用の雇用慣行）に変化がないことが再び出生率が下落を始めた（2015年）原因であろうと考えられます。

図表13　第１子出産前後の女性就業

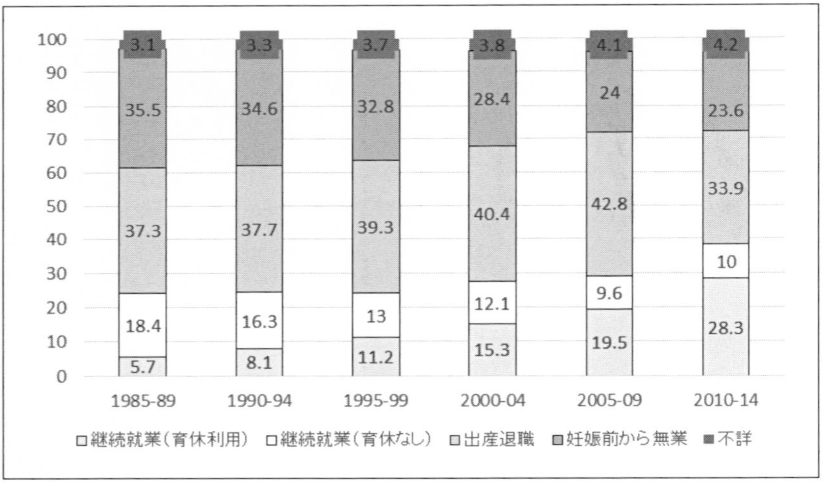

出所）権丈英子（2016）「女性の継続就業の動向と課題」内閣府「仕事と生活の調和連携推進・評価部会（第39回）」参考資料１。

第3章　多様な少子化要因

第1節　少子化要因としての非婚化・晩婚化

　本章では、大きな括弧を開いて確認しておくべき事実を検討しましょう。図表14は、1組当たりの夫婦の理想の子ども数と実際の出生数をみたものです。この図表からは、出生率低下要因を2つに分解できます。1つは理想の子ども数自体の低下であり、いま1つは理想と現実のギャップです。理想の子ども数自体の低下に関しては個人の主観的要因が大きく、リプロダクティブ・ライツ[7]の主張のように、国家が関与することは適当ではない次元と考えられます。ただしもう1つの理想と現実のギャップの次元があり、こちらは人々の理想が何らかの社会的要因によって実現が阻害されている状況と考えられ、その阻害要因を除去することで、人々の理想が叶う社会の実現を図ることは目指されてしかるべきだというのが筆者の立場です。この部分の要因を、ここでは社会的再生産における「何かがうまくいっていない」要因と呼ぶことにすると、出生率低下は第1期の経済発展の正の効果としの出生率低下、第2期の希望出生率低下とこの「何かがうまくいっていない」要因によるものとがあります。本書が特に問題としたいのは、この「何かがうまくいっていない」要因です。

　次に確認すべきは、日本、中国、韓国において、出生率低下の7割程度は、非婚化・晩婚化によって説明されるという事実です。1組当たりの夫婦の産む子の数は、第2期出生率低下以降2000年代初頭までほぼ2.2人で変化していません（図表14）。このことから、日本での出生率低下

の要因分析は、非婚化・晩婚化の要因分析へと切り替わることになります。1970年代から今日に至る非婚化・晩婚化に影響する経路は多岐多様で、これまで様々な議論が提起され、複数の原因があるのは間違いないところです。例えば、お見合い婚から恋愛婚へと結婚の仕方の主流が変化したこと、高学歴化にともなう初婚年齢の遅れ、また90年代に家族社会学者である山田昌弘が提起した仮説[8]などです。それらはそれぞれ正しい主張を含む場合が多いです。

図表14　1組当たりの夫婦の理想の子供数と完結出生数

出所）国立社会保障・人口問題研究所（2015）『第15回出生動向基本調査（夫婦調査）』。
注）対象は結婚持続期間15-19年の初婚同士の夫婦。

　非婚化・晩婚化と聞けば、「結婚したくない人が増えたから」と思われるかもしれませんが、それは事実ではありません。国立社会保障・人

口問題研究所の「出生動向基本調査」によれば、80年代以降約9割の若者は「いずれ結婚するつもり」と回答しており、結婚意思に大きな変化はみられません（図表15）。細かくみれば、1990年代半ば以降男性において「一生結婚するつもりがない」と回答する割合が3〜5％ポイント増加したのが目立つ程度です。

図表15　結婚意思の推移

	男性	女性
1987	91.8	92.9
1992	90	90.2
1997	85.9	89.1
2002	87	88.3
2005	87	90
2010	86.3	89.4
2015	85.7	89.3

出所）国立社会保障・人口問題研究所『出生動向基本調査』各年版。
注）18-34歳対象、設問「自分の一生を通じて考えた場合、あなたの結婚に対するお考えは、次のうちどちらですか」（1．いずれ結婚するつもり、2．一生結婚するつもりはない）について、1．を回答した割合。

　ちなみに「一生結婚するつもりがない」と回答する男性にはどういう属性の人が多いかについて、溝口（2005）は東京都で実施したアンケート調査に基づき、非正規雇用者の割合が多いことを明らかにしています。おそらくここでは「結婚するつもりがない」の意味として、「結婚したくない」ではなく「経済能力的に結婚できない」という意味合いが強いのでしょう。1990年代半ばから男性においても非正規雇用が拡大したことで、結婚意思の次元で躓きをみせる者が現れ始めたと考えられま

す。男性非正規雇用者が正規雇用者に比べて結婚率が低いことは、多く
の先行研究で指摘されてきたとおりです。ただしそれでも9割近い若者
が、昔も今も「いずれ結婚するつもり」と回答していることから、結婚
意思に大きな変化がないのに、結婚行動は非婚化・晩婚化へと変化した
のはなぜかというのが、非婚化・晩婚化の問題となります。

　この問題に関し注目したいのは、日本（中国、韓国も同様）では非嫡
出子の比率が2％弱と非常に少ないという事実です。フランスではこの
比率が約5割ほどであるのに比べれば、極めて少ないといえます。この
ことは日本（中国、韓国でも）において、法律婚をしなければ出産をし
ないという規範が支配的であることを意味していると考えられます。
よって法律婚とは、単に互いに好意を抱くカップルの同棲という次元と
は異なるものと観念され、子を産み家をなすという観念が強いといえる
でしょう。とすれば、多くの人は子を欲しいと思う土台の上で、そうす
ることが将来的に生活上成立すると判断して、初めて結婚すると考えら
れるでしょう。したがって育児費用の上昇によってその見込みが減退す
ると、それが非婚化・晩婚化に帰結するだろうといえます。

　すなわち前章で検討した出生率低下の要因（育児費用上昇）は、その
まま非婚化・晩婚化の要因の1つとして扱うことが可能であるというこ
とです。そしてこのことは、中国や韓国にも当てはまると考えられま
す。そのため本書では、次節以降でも育児費用に注目して低出生率の問
題を検討します。

第2節　少子化要因の多様性

(1)　中国の少子化要因

　日本や先進国の第2期における出生率低下の要因を、育児費用なかでも②間接費用の増加に求めてきました。そしてその②間接費用の代表として育児と就業の両立が困難な状況下での、女性就業率上昇による機会費用発生があることを論じてきました。では中国についてはどうでしょうか。

　まず中国の出生率についてですが、既述したように政府の公式発表に対して多くの疑問が寄せられています[9]。公式発表では1.69（2018年）となっていますが、人口統計データとして最も信憑性が高いとされる人口センサス（10年に一度実施され、2021年3月現在最新データは2010年調査）から算出される出生率は1.18（2010年）であり、大きな乖離があるからです。本書では人口センサスから算出される出生率を採用しますが、そのため出生率の年々の時系列データを示すことができないことをお断りしておきます。

　中国は1979年から「一人っ子政策」を実施してきましたが、2015年に「二人っ子政策」に転換しました。しかし2017年の出生数が前年比63万人減など、出生率は低迷しているとみられます。かつてであれば人口置換水準を下回る低出生率の原因を、政策に求めることができました。しかし「二人っ子政策」に転換しても低迷しているとなると、別の社会的要因を考えなければなりません。こうして中国での低出生率の要因分析は、いま緒に就いたところです。

　まず女性就業率を確認しましょう（図表5）。中国の女性就業率は80.2％と、国際的にみて高い水準にあります[10]。また女性の就業率は、

日本や韓国のM字型ではなく高原型のカーブを描きます。つまり出産・育児にかかわらず、就業を継続しているということです。そこには育児と就業の両立を支える、強力な親族ネットワークが作用しています[11]。こうしたことから、育児費用上昇の主な要因を②間接費用にみることは難しいと思われます[12]。

　そこでもう１つの費用である①直接費用に注目すると、この①直接費用は1990年代以降目覚ましく上昇しています。中国では市場経済化に伴い、競争にさらされた国有企業の合理化が1990年代に進み、それまで国有企業に内部化されていた人間の再生産領域（住居、医療、託児所、学校など）が外部化・市場化されました[13]。生活者からみれば、それまで無償ないしそれに近い低価格で提供されてきたサービスが有償化し、かつその分のコストは補填されていないため、生活者にとってそれは①直接費用の増加として現れました。さらに市場経済化で賃金格差が拡大し、その賃金格差が学歴格差ともリンクしているため、進学競争が激化し、教育費負担も短期間で急激に増加しました。以下、順に確認します。

　育児費用に直接かかわる託児所についてですが、1988年には国有企業の97％に託児所が設置され、従業員の子を無償に近い低価格で受け入れていましたが、そうした託児所は約10年後の1999年には国有企業の33％まで減り、その後ほぼ消滅しました（丸川：2002）。代わって公営や私営の幼稚園が、雨後の筍のように設立されましたが、これらは市場サービスとして提供され有償です。その価格は概ねその地域の所得の中央値（次に説明する労働市場の第二階層の所得がこれに近い）の約半分であり、家計にとっては大きな負担です。

　また市場経済化のなかで、労働市場の三層構造が現れました（丸川：2002）。第一階層は大卒以上を対象とした管理職（幹部）・専門職の市場

で、第二階層は中卒・高卒を対象とした一般職の市場、さらに第三階層
は農村からの出稼ぎ労働者と、都市部のリストラ者からなる非正規雇用
の市場です。第二階層と第三階層の間には地方政府が設定した制度上の
「壁」があり、農村からの出稼ぎ労働者は通常都市部の正規雇用市場で
ある第一階層及び第二階層には入れません。農村戸籍者が第一・第二階
層に入ることが許されるルートは、大学進学です。逆に都市部住民は、
リストラされかつ再就職先が見つからない場合に第三階層に転落しま
す。市場経済化に伴い賃金格差が拡大しましたが、それはこの階層間賃
金格差でもあって、概ね第二階層は第三階層の倍の所得、第一階層は第
二階層の倍の所得です。このため高等教育進学率は政府の方針もあっ
て、1990年には3％ほどだったものが2018年にはついに50.8％と50％を
超え、しかもまだ頭打ちになっていません。

　大学教育はもともと、かつての日本の師範大学のあり方にも似て、学
費（全寮制の費用など含む）は無償で、その代わり卒業後は国家のため
に奉仕する（国が指定した国有企業や国家機関で勤務する）というシス
テムでしたが、市場化に伴い労働市場で就職活動を行うようになると、
このシステムは終焉し、また国の財政逼迫で大学への運営費交付金が大
幅に削減されたこともあり、1992年頃から学費を徴収するようになりま
す。その金額が短期間に急上昇したことで、進学率上昇も相まって、学
費負担は多くの世帯の問題となりました。北京大学のホームページから
学費と寮費（全寮制）を確認すると[14]、北京大学生の文系の年間の学費
が約40万円（レートを1元15円で計算。以下同様。）、理系が約45万円、
寮費が年間約55万円です。当然全寮制での生活のため、食費や交通費・
雑費など年間約30万円はかかるため、それだけで年間130万円ほどが必
要になります。一方の所得ですが、国家統計局のデータ[15]で、2016年の

全国１人当たり平均収入は約36万円、都市部の単位（ダンウェイ）と呼
ばれる公有制企業及び国家機関の従業員に限ると、その平均賃金は年間
約100万円です[16]。所得に対して高等教育関連費が高いことが分かりま
す。また費用負担は高等教育期間中だけではなく、前段階の受験期間か
ら塾の費用などでかかり始めますが、受験競争の期間は急速に前倒しさ
れ、重点高校に入学するために重点中学へ、重点中学に入学するために
小学校から早くも競争は始まります。こうして家庭教師代等々を含む教
育費負担は、小学生の段階から発生します。少しデータは古いですが、
上海社会科学院青少年研究所が2006年に行った調査（上海社会科学院：
2006）では、「学費と子の生活費が世帯収入に占める割合が四分の三以
上」であると回答した世帯割合が全国で３割弱、高所得世帯の多い上海
でも約18％にのぼり、子の教育費（生活費含む）負担にあえぐ様子がう
かがえます。2006年には高等教育進学率がまだ22％ほどなので、進学率
が50％を超えた現在ではそうした世帯割合はさらに増えていると予想さ
れます。

　中国ではもともとの進学率が低かったため、40代以上の熟練した技術
者等専門職と中堅管理職が少なく、その分をそれより下の年齢層で補う
状態が続いてきたため、高学歴若年層への需要は大きく、急速に増加し
た高学歴若年層の供給がそれに応えました。ただし一部業種[17]で供給が
飽和し、中国版「大学は出たけれど」の状況が出現しています。特に都
市部にコネをもたない農村出身者が、就職戦線から落伍しがちで、落伍
した高学歴ワーキングプアを「蟻族」[18]と呼ぶなど、新たな現象もみら
れます（廉：2010）。教育投資の効果が低下しているわけで、教育投資
の費用対効果悪化により、教育費は以前より割高に感じられるように
なっていると思われますが、農村の人にしてみれば、貧困から脱却する

唯一のルートが子の大学進学（それにより第一階層の労働市場で働ける）であると認識されているため、進学競争から降りる選択も難しいでしょう。それは都市住民も同じです。

　最後に住居を取り上げます。住居はもともと単位（ダンウェイ）と呼ばれる公的所有の職場組織（国有企業及び国家機関など）が、従業員に低価格で部屋を賃貸する制度でした。そのため住居費支出は低く抑えられていました。1990年代末にこの制度が終わり、市場で商品住居（都市部は基本的に集団住宅に居住）が供給されるようになると、政府による独占的な土地供給制度と巨大な需要に支えられ、マンション価格はほぼ一貫して上昇してきました。北京市を例にとれば（UDアセットバリュエーション株式会社：2018）、2018年の築浅マンションの価格は80㎡[19]で約1億円から2億円です[20]。築年数の古いアパート（70年代から80年代に建築された低層の団地など）だと、80㎡3LDKで1500万円くらいから物件が出てくる感覚です。所得に比べて不動産価格が高いですが、一昔前の日本の土地神話にも似て、90年代末に不動産市場が始まって以降、中国では不動産価格が上がることはあっても下がることはない状態が続いているため、人々からしたらどんなに高くても「早めに買う」のが合理的選択となります。不動産を自宅居住用以外に複数所有した人は資産価格上昇の恩恵を受けますが、多くの庶民が所有するのは自宅居住用のみであり、居住している不動産の価格が上昇したところで、価格上昇は全不動産共通なため、仮に引っ越す際にも資産価格上昇の効果は特にありません。それを理解した上でもやはり何とか金策を立てて「早めに買う」選択になりますが、ローン負担などを考えると購入できる価格帯はおのずと制約されます。マンション価格は基本的に平米単価で示され、子の居住スペースを確保しようと思えばその分だけ割増しになりま

す。平米単価がすでに高いため、子の居住スペース確保は非常にコスト
がかかることが分かるでしょう。

　したがって子にかかる①直接費用を含む、人間の再生産費用が短期間
に急上昇したこと、これが中国で出生率が低迷する主因であると推測さ
れます。

⑵　韓国の少子化要因
　同じく出生率低下に悩む韓国（2018年に0.98）では、日本より約10年
遅い1983年から第2期出生率低下に入ります。また日本と同様、出生率
低下は非婚化・晩婚化によって説明される部分が大きく、出生率低下と
結婚率低下の曲線は概ね重なります（出所率低下が時間的に少し後ろに
ずれる）。

　粗婚姻率の推移をみると、1996年まで緩やかな低下、1997年から急落、
2003年から2013年まで波のある横ばいののち、2014年から再び急落して
います。1997年から急落していることと符合する出来事として、同年に
発生したアジア金融危機があります。アジア金融危機は韓国にも飛び火
し、翌98年にIMFの管理下で構造改革を実施することになります。新自
由主義の色彩が濃いことで知られるIMFの構造改革を経て、労働市場の
流動化が進みました。具体的には男性における非正規雇用拡大と、名誉
退職と呼ばれる早期退職（40代半ばの退職）が慣行として定着化しまし
た。このことから韓国では、特に男性の③所得が減少及び不安定化した
ことが非婚化・晩婚化に繋がり、それが出生率低下の主因となったので
はないかと仮説的に考えています。ただし、韓国の女性就業率の低さ
（図表7）や、女性就業率カーブが日本と同じM字型（結婚、出産・育
児で離職していることを示す）を描くことから、日本と同様に②間接費

用も要因である可能性があります。また中国と同様に①直接費用として
の教育費負担も多いことが指摘されています。例えば現代経済研究院の
調査では、エデュプア世帯（家計が赤字で負債がありながら平均以上の
教育費を支出している世帯）は82万世帯（2011年）あり、教育費が必要
な年齢の子をもつ世帯に占める割合は13％に上ります（金：2019）。ま
た内閣府（2011）では、希望する数まで子を増やせない理由に「子育て
や教育にお金がかかりすぎる」と回答する割合が、韓国人では73％と日
本人の45％と比べても高いです。こうした点から①直接費用も要因であ
る可能性があります。

　このように東アジア各国で育児費用上昇が出生率低下の主因であるこ
とは共通しながらも、育児費用上昇の要因はそれぞれ異なります。それ
を第 4 章では大枠から捉えなおしてみましょう。

第4章　生きづらい社会で出生率は低下する

　第2章で、第2期出生率低下は育児費用増加が主因であること、育児
費用は①直接費用、②間接費用、③世帯所得の3つに分解できることを
確認しました。第3章でみたように、中国での出生率低迷は、①直接費
用が主因であると推測されます。韓国での出生率低迷は、③所得の不安
定化とさらに①直接費用と②間接費用も原因であると考えられます。第
2章でみたように、日本に関しては、②間接費用が主因で、さらに90年
代後半からは非正規雇用が男性にも拡大したことを通じて、③世帯所得
が減少及び不安定化した要因が加わったものと考えられます。このよう
に人口置換水準を大きく下回って出生率が低迷している国は、それぞれ
理由が異なりながらも育児費用の増加という点で共通しています。では
育児費用が増加していない北欧などの国がある一方で、増加している東
アジアなどの国があるというのは、大枠から捉えた場合一体何が違うの
でしょうか。

　筆者は次のように考えています。まず資本の論理と人間の生活（再生
産）の論理の間には、基本的な矛盾が存在します。人間の生活の論理は、
衣食足りて文化的で健康な生活を実現することを希求するなど、自己の
生存を基調とするものです。これとは異なり資本の論理は、価値の自己
増殖です。しかし人間のあるいは労働者の生活は、自らの労働力を商品
として売り、対価として得た賃金で、生活に必要な財やサービスを市場
で買うというように、資本の再生産過程のなかで実現されるほかありま
せん。ここに基本的な矛盾が存在します。この矛盾は、労働時間に規制
をかけたイギリス工場法（1833年）に始まる社会政策等で、資本の論理

に制約を課すことで調停されます。しかし資本の論理が優先され、両者の論理が失調すると、それが人間の再生産費用増加として現れ、出生率が低下すると考えられます。

　逆に資本の再生産も、人間の社会的諸活動を通じて実現されるほかなく、人間の生存を必要とします。しかし資本の論理それ自体は人間の生活の論理を考慮するわけではないため、放任すれば人間の生存を脅かすことにもなります。

　中国での育児費用（①直接費用）増加は、人間の再生産活動を市場領域に移行し、したがって資本の論理の領域で行うようになったことの帰結です。一方で不動産投資が2000年代以降の中国高成長の主軸であったように（溝口：2018ｂ）、住居や医療、教育など人間の再生産活動領域を市場化することで経済成長は促進されました。しかし市場化によって発生するこれら財やサービスの価格は生活者の負担となり、人間の再生産費用の増加として現れます。

　日本での育児費用（②間接費用）増加は、一方で人間の生活の論理として「子を産み育てるのにこれだけのお金と育児時間が必要」ということがあり、そのためには真の夫婦共稼ぎを育児と両立させてこなせる世帯類型を希求します。他方で資本の論理としては現行の雇用慣行（男性正規＋女性非正規）の方が望ましいため、両者に齟齬があります。両者の齟齬において資本の論理を優先し現行の雇用慣行を続けているため両者の論理は失調し、②間接費用が発生しています。

　大枠からいえば、資本の論理に抗する社会的力量が乏しい社会で、資本蓄積の最適化が優先され、人間の生活の論理との失調がおき、それが人間の再生産費用上昇として現れたと考えています。東アジアで要因が異なりつつも極めて低い出生率となっているのは、この地域において資

本蓄積の最適化が専らに追求されてきたからではないでしょうか。

　本書の結論を述べます。東アジアにおける少子化（特に第2期出生率低下）の約7割は、非婚化・晩婚化で説明されるという統計的事実がありました。その非婚化・晩婚化の要因はさまざまありますが、重要な要因の1つに、「家庭をもつという人生選択のコスパが悪くなった」ことがあるというのが本書の重要な主張です。人は本来1人で生活するより、複数人で生活した方が家計費の節約・合理化ができるはずです。しかし子をもつと途端に費用対効果が悪くなるのです。したがって「家庭をもつ」ことの費用対効果が悪化したのは、「子をもつ」費用が増加したことが主因です。育児費用増加で「家庭をもつ」ことの費用対効果が悪化し、「なかなか結婚しない／できない症候群」が日本、中国、韓国と東アジアを覆っているために、これらの国で少子化が進んでいるのです。

　ではなぜ、育児費用が増加したのでしょうか。その要因は日本、中国、韓国とで一見異なりますが、要因の多様性を超えて大きな共通点があります。それは人間の生活の論理が軽視され、資本蓄積にとって有利な社会編成が進みすぎたことの無理が、育児費用の増加という形で現れたということです。これが本書の主張したい最大の点です。

　＜人間＞と＜自然＞は、資本にとっての外部性として存在します。本書が注目するのは特に＜人間＞ですが、それは資本の論理に包摂しきれない自律性をもって存在します。森の木は資本にとっては「木材」として存在しますが、それとは無関係に自然法則に則り自律的に「木」として存在するように。この＜人間＞（そしていまや＜自然＞も）は、しかし資本の再生産過程の中で生活するしかありません。社会が資本の論理をあまりに優先して編成されると、人間にとっては「生きづらい」社会

になります。その生きづらさは、育児費用（ないし人間の再生産費用）
の増加として現れます。

　＜人間＞と＜自然＞という、資本にとっての外部性を暴力的に内面化
するプロセスとしての資本蓄積が行きついた最果ての地が、片や人間自
身の再生産が危うくなる少子化として現れ、片や年々の自然災害や
COVID-19[21]など自然環境の本来の再生産が危うくなる事象として現れ
ているのではないでしょうか。

　このように低出生率という日本社会を閉塞させている中心にある媒介
項を、現代資本主義分析のなかに基礎的に位置づけられるとしたら、悪
循環からブレイクスルーするために必要なのは、＜人間＞の生活の論理
を社会編成の論理として取り戻すことです。日本の文脈で具体的にいえ
ば、それは「時短」であると本書で述べました。畢竟、資本の論理と人
間の生活の論理は、資本主義という車体の両輪であって、資本主義社会
の持続的発展のためには人間の生存が不可欠だからです。

‖ あとがき ‖

　本書は少子化の主要因が、社会における「生きづらさ」にあると主張
しています。その主張が正しいかどうかは読者の皆さんの判断に委ねた
いと思いますが、本書を執筆しながらあるジレンマを経験していまし
た。日本における「生きづらさ」の重要な要素として、正規職の働き方
（長時間労働）から育児と仕事の両立が困難であるという内容を執筆す
る一方で、他方ではそうした内容の本書を執筆する仕事自体が多少なり
とも育児を犠牲に成り立っていたというジレンマです。

　日本が「生きやすい」社会になるためにはまだまだ変わらなければい
けないことが多くあるように思います。少子化の要因をみつめることを
通じて、変えなければならないものが何であるのかを筆者なりに指摘し
ました。本書が「生きやすい」社会を目指す上で少しでも役に立てれば
幸いです。

注

1 例えば松浦（2020）を参照。
2 大泉（2007）は、韓国・台湾において就業人口が農業から工業に移行した時期に出生率が大幅に低下したことを確認しています。
3 ちなみにドイツでは時短正社員を非正規雇用と分類しますが、日本のそれとは異なり、あくまで正社員であり、雇用の内実はフルタイム正社員と同じで労働時間が短いだけです。
4 2017年に第二回男女平等報告書で発表されたもの（田中：2020）。
5 計算方法は、1日の仕事の残業時間が1時間1分あり、月の勤務日が20日として積を求めます（A）。さらに1日の家事時間の増加分1時間25分に月30日をかける（B）。この（A）と（B）の和として算出します。
6 いわゆる時短促進法（1992年施行、2006年廃止）は年間1800時間を目標とし、1年356日から土、日の104日、祝日16日、有給休暇20日を控除した225日に法定就業時間8時間をかけて1800時間を実現するとしていました。本書の計算では男女共同参画社会実現の観点からはこの時短でもまだ足りないということになります。
7 生殖の自己決定権を主張するもので、優生保護法など統治権力の関与に抗して主張されてきました。
8 山田（1996）は第2期出生率低下期が高度成長が終わって低成長に入る時期と重なることに注目し、「女子上昇婚」（玉の輿結婚のこと）という、父の経済力の下で実現している生活水準を上回る生活を実現してくれそうな男性と結婚したいという女性の結婚観は変わらないのに、低成長でそれを実現可能な男性候補者が減ったことが非婚化・晩婚化の要因であるとしています。この仮説については溝口（1999）が検証を行っています。
9 政府は一人っ子政策という大掛かりな人口政策を実施していながら、そもそも合計特殊出生率に関する公式データを積極的には出してきませんでした。おそらく高度に政治的な意味のあるデータと判断したためでしょう。1980年代から1990年代にかけては計画生育委員会が目立たない形で控えめに出生率1.8という大雑把な値を公表しているのが小さなニュースとして辛うじて発見できます。こうした公式発表に対して例えばウィスコンシン大学の易富賢はThe Wall Street Journal（2019.11.1）やNew York Times（2016.3.24）などで公式発表のデータに早くから疑義を提出してきました。彼の試算によれば2018年の中国の出生率は1.05です。
10 中国の値だけ2000年のデータです。また経済発展の段階が違う国を比較することの問題も含んでいます。中国は依然農業部門の割合が高く、就業者全体に占める農業就業者の割合が高いため、全体の女性就業率も高めに出ます。農村女性の就業率が特に高いためです。

11 溝口（2017）で90年代の市場経済化で国有企業が提供する無償に近い育児サービスなどがなくなるなかで、祖父・祖母による育児サポートは健在であり、これに頼る世帯割合が増加していることを指摘しました。また祖父・祖母が孫の育児に積極的な理由として、中国では引き上げられたとはいえ依然定年退職年齢が若く（原則として男性60歳、女性55歳、工場労働者は50歳）、まだ元気で若い祖父・祖母の手が空いているため育児にあたっている面もあります。ただし子ども世代との同居を望まない祖父・祖母も増えるなど祖父・祖母世代の意識変化も早く（溝口：2019ａ）、また社会保障制度改革の絡みで今後定年退職年齢が引き上げられる可能性もあり、育児と就業を両立させる最後の砦としての親族ネットワークが今後弱体化する可能性もあります。

12 ただし、市場経済化が進展した90年代の10年間に都市部女性の就業率（25－49歳）が97.2％から72.4％へと実に24.8％も下落していること（溝口：2017）、日本での妻・パート世帯に近似した世帯類型が中国でも出てきていること（溝口：2019ｂ）などから、主因とはいえないまでも、副次的要因として②間接費用の上昇がある可能性があります。

13 詳細は溝口（2018ａ）を参照。溝口（2018ａ）はこの過程を資本の本源的蓄積過程と捉えています。

14 北京大学のホームページ：https://www.pku.edu.cn/　（2020年7月9日閲覧）。

15 中華人民共和国国家統計局編（2017）『中国統計年鑑2017』中国統計出版社。

16 農村と都市部で所得格差が大きいためと、都市部内でも単位（ダンウェイ）と呼ばれる公的所有制企業や国家機関などの賃金は私営企業に比べて高いため、単位従業員の平均所得は全国の平均所得と比べて大きな差が出ます。

17 2014年頃に高成長が終焉してから、急速に産業構造の転換が進んでおり、停滞する重工業部門と成長するIT・サービス関連部門とのコントラストが鮮明に現れています。

18 ワーキングプアである彼ら／彼女らが、家賃の安いアパートの地下室に居住することからこう呼ばれます。

19 中国ではマンションの面積に共有面積も含めます。これが約2割に相当するため、中国式計算で100㎡のマンションが日本での約80㎡のマンションに相当します。

20 中国でのマンション受け渡しは基本的に打ちっぱなしの状態で行われ、照明器具、風呂、トイレ、キッチン、壁紙などの内装は価格に含まれていません。そのため日本の価格計算に合わせるためには内装費として1割ほど上乗せするとよいとされます。

21 霊長類学・人類学者の山極寿一は近年のSARSやMERS、COVID-19などウイルス性感染症の頻発は、自然破壊によって野生動物との接触が加速したことが原因であるとしています（『日経ARIA』2020年6月4日）。

初出

本書は溝口由己（2020）「少子化要因の分析視角 – 資本主義機能不全としての少子化」『新潟大学経済論集』No.109を大幅に加筆修正したものであることをお断りしておきます。

参考文献

＜日本語文献＞
赤川学（2018）『少子化問題の社会学』弘文堂。
朝日新聞取材班（2019）『負動産時代 – マイナス価格となる家と土地』朝日新聞出版。
大泉啓一郎（2007）『老いてゆくアジア』中央公論新社。
大沢真理（1993）『企業中心社会を超えて – 現代日本を＜ジェンダー＞で読む』時事通信社。
金敬哲（2019）『韓国行き過ぎた資本主義』講談社。
権丈英子（2016）「女性の継続就業の動向と課題」内閣府「仕事と生活の調和連携推進・評価部会（第39回）」
柴田悠（2016）『子育て支援が日本を救う』勁草書房。
G・ベッカー（1976）『人的資本』東洋経済新報社。
田中洋子（2020）「主婦モデルから就業 – ケア共同モデルへ？ – 出産後の就業継続をめぐる日独の比較」社
　　会政策学会編『社会政策』第12巻第1号。
津上俊哉（2013）『中国台頭の終焉』日本経済新聞出版社。
筒井淳也（2015）『仕事と家族』中央公論新社。
内閣府（2011）『平成22年度少子化社会に関する国際意識調査』。
中野円佳（2014）『育休世代のジレンマ – 女性活用はなぜ失敗するのか？』光文社新書。
野村正實（2007）『日本的雇用慣行 – 全体像構築の試み』ミネルヴァ書房。
濱口佳一郎（2015）『働く女子の運命』文芸春秋。
増田寛也（2014）『地方消滅 – 東京一極集中が招く人口急減』中央公論新社。
松浦司（2020）『現代人口経済学』日本評論社。
松田茂樹（2017）「アジアで進行する少子化 – 現状の理論的把握と背景要因の仮説の提案」『中京大学現代社
　　会学部紀要』第11巻第1号。
マリア・ミース（1997）『国際分業と女性 – 進行する主婦化』奥田睦子訳、日本経済評論社。
マリア・ミース、C.V.・ヴェールホフ、V.B＝トムゼン（1995）『世界システムと女性』古田睦美・善本裕子訳、
　　藤原書店。
丸川知雄（2002）『労働市場の地殻変動』名古屋大学出版会。
山田昌弘（1996）『結婚の社会学 – 未婚化・晩婚化はつづくのか』丸善ライブラリー。
UDアセットバリュエーション株式会社（2018）「北京不動産市場調査レポート」
廉思編（2010）『蟻族 – 高学歴ワーキングプアたちの群れ』関根謙監訳、勉誠出版。
ローザ・ルクセンブルク（1997）『資本蓄積論』太田哲男訳、同時代社。
＜英語文献＞
Kenjoh(2004),*Balancing Work and Family Life in Japan and Four European Countries*, p.33
Kohler, Myrskyla, Billari.(2009),"*Advance in development reverse fertikity declines*",*Nature*,460(7256).
Leibenstein.H.(1957),*Economic Backwardness and Economic Growth*, New York, Wiley;London:Chapman
　　and Hall.

著者によるもの

溝口由己（1999）「親の経済力、異性との交際と非婚・晩婚 − 現代女性の非婚・晩婚の要因」財団法人家計
　　経済研究所編『現代女性の暮らしと働き方』大蔵省印刷局。
溝口由己（2005）「結婚意向と本人の経済状況・生活満足度」財団法人家計経済研究所編『若年世代の現在
　　と未来』国立印刷局。
溝口由己（2017）「中国における90年代の市場経済化とジェンダー」『新潟大学経済論集』No.103。
溝口由己（2018ａ）「中国の本源的蓄積過程 − 「単位」システム再考」『新潟大学経済論集』No.104。
溝口由己（2018ｂ）「中国経済はどこに向かうのか − その現在地と今後」溝口由己編『格差で読み解くグロー
　　バル経済』ミネルヴァ書房。
溝口由己（2019ａ）『中国経済体制市場化進程中的家庭、労働與性別関係』Niigata University Press（NUSS）。
溝口由己（2019ｂ）「中国における1990年代の市場経済化と夫婦関係の変化 − 家事分担と家計管理から」『新
　　潟大学経済論集』No.107。

■ 著者紹介

溝口　由己（みぞぐち　ゆうき）

1966年　愛知県名古屋市生まれ

1990年　早稲田大学商学部卒業

1992年　早稲田大学大学院商学研究科修士課程修了

1998年　北京大学経済学院博士課程修了　博士（経済学）

1998年　（財）家計経済研究所研究員

2004年　新潟大学経済学部助教授

現在　　新潟大学経済科学部　教授

ブックレット新潟大学75

少子化問題の経済学—生きづらい社会で出生率は低下する—

2021（令和3）年9月22日　初版第1刷発行

編　者——新潟大学大学院現代社会文化研究科
　　　　　ブックレット新潟大学編集委員会
　　　　　jimugen@cc.niigata-u.ac.jp

著　者——溝口　由己

発行者——渡辺英美子

発行所——新潟日報事業社
　　〒950-8546　新潟市中央区万代3-1-1　新潟日報メディアシップ14F
　　TEL　025-383-8020　　FAX　025-383-8028
　　http://www.nnj-net.co.jp

印刷・製本——株式会社ウィザップ

「ブックレット新潟大学」刊行にあたって

　新潟大学大学院現代社会文化研究科は、さまざまな問題を現代という文脈の中で捉えなおすことを意味する「現代性」と、人間と人間、人間と自然が「共」に「生」きることを意味する「共生」、この二つを理念として掲げています。日本海側中央の政令指定都市新潟市に立地する本研究科は、東アジア、それを取り巻く環東アジア地域、さらには国際社会における「共生」に資する人材を育成するという重要な使命を担っています。

　現代社会文化研究科は、人文科学、社会科学、教育科学の幅広い専門分野の教員を擁する文系の総合型大学院です。その特徴を活かし、自分の専門領域の研究を第一義としながらも、既存の学問領域の枠にとらわれることなく学際的な見地からも研究に取り組み、学問的成果を上げてきました。

　現代社会・世界・地球環境はさまざまな課題をかかえています。環境破壊・地球温暖化現象、国家間の対立・紛争・テロ等、地球規模での解決困難な課題、少子高齢化、学校・教育問題、経済格差、AI等々の、社会生活・日常生活に関わる諸課題が山積しています。さらに、2020年に入り、新型コロナウイルス感染拡大が、国際社会、社会生活・日常生活のあらゆる領域に多大な影響を及ぼしています。本研究科の学問的営みは、これら「現代性」に関わる諸問題に向き合い、課題を発見・解決すると同時に、多様性を尊重し共に助け合いながら生きてゆく「共生」の精神に基づき、一人一人の可能性を引き出しつつ、真に豊かな人間社会を形成する可能性を追求してゆきます。

　「ブックレット新潟大学」は、現代社会文化研究科の研究成果の一端を社会に還元するため、2002年に刊行されました。高校生から社会人まで幅広く読んでいただけるよう、分かりやすく書かれています。このブックレットの刊行が、「現代性」と「共生」という研究科の理念を世界の人々と共有するための一助となることを心より願っています。

2020年11月

新潟大学大学院現代社会文化研究科
研究科長　　堀　　竜　一